우리가 지켜야 할 멸종위기 야생생물

일러두기

이 책은 국립생물자원관의 『한눈에 보는 멸종위기 야생생물』 두산백과, 국립중앙과학관,
국립공원공단 생물종정보, 서울동물원 동물정보, 한국의 멸종위기 야생생물 자료를 참고하였습니다.

지켜주지 못해서 미안해! 한국의 멸종위기 생물 이야기

우리가 지켜야 할 멸종위기 야생생물

편집팀 엮음 · 이수연 그림

어린이

들어가는 글

우리가 지켜야 할
야생생물에 관한 이야기

인간이 지구에서 최상위 포식자가 된 이후 자연은 끊임없이 몸살을 앓고 있습니다. 특히 인간은 야생생물에 대해서는 가죽, 뼈, 뿔, 기름, 고기 등을 얻기 위해서, 단순히 사냥하는 재미를 위해서, 박제 등의 제작을 위해서 수많은 남획과 밀렵을 저질렀습니다. 또한 지속적인 환경 파괴로 인해 환경변화에 적응하지 못한 동물들은 도태시키기도 했습니다. 이러한 변화를 뒤늦게 깨달은 인간은 사라져가는 생물들에 대해 위협을 느끼고 멸종위기종을 지정해서 관리할 필요성을 느끼게 되었습니다.

멸종위기종을 지정해서 관리하는 가장 큰 이유는 생태계의 보존입니다. 간혹 멸종위기종이 도태되는 것은 자연의 섭리라며 어쩔 수 없다는 의견이 존재하기도 하고 심지어는 다른 생물이 멸종위기종의 자리를 대체할 것이라며 별 상관이 없다고 하는 의견도 있지만, 이것은 아주 조금 맞는 말입니다. 반대로 말하면, 거의 틀린 말인 것이지요. 일단 동물이 멸종하는 것은 자연의 섭리가 맞습니다. 또한 언젠가 다른 생물이 진화하여 그 자리를 메꾸게 될 것입니다. 여기서 중요한 점은, 현재 야생생물의 멸종 속도는 일반적인 멸종과는 비교할 수 없을 정도로 상상을 추월한다는 것입니다. 몇 천만 년 동안 인간이 살기 위해 적응해왔던 생태계가 급속하게 변해버린다면 그 피해가 인간에게 돌아올 것이라는 것은 너무나도 뻔한 일이며, 인류의 생존을 위해서라도 멸종위기종의 보존은 당연한 일입니다.

우리나라가 멸종위기에 처한 야생생물을 법적으로 지정하여 보호하기 시작한 것은 1989년 특정야생동식물이 지정되면서부터입니다. 특정야생동식물은 다른 법률에 의해 보호받지 못하는 파충류, 양서류, 곤충류 및 식물류 92종을 대상으로 지정되었습니다. 지정 목적은 자연생태계 유지와 종의 멸종을 방지하기 위한 것으로 멸종위기 개념이 도입된 최초의 법정보호라고 할 수 있습니다. 1993년에 지정 대상이 확대되어 179종으로 늘어났고, 1996년에는 다시 어류가 추가되었습니다. 아울러 특정야생동식물의 정의를 학술적 보호 가치가 있거나, 멸종위기에 처할 우려가 있는 야생동식물로 규정하였습니다. 2012년에는 「야생생물 보호 및 관리에 관한 법률」의 제정으로 법적 체계가 재정비되고 보다 면밀한 판단기준을 적용하여 246종이 지정 및 관리되고 있습니다.

우리나라의 야생동식물 보호 관리는 각기 개별법에 따라 천연기념물은 「문화재보호법」에 의거 문화재청에서, 어류는 「수산업법」 및 「내수면보호법」에 의거 해양수산부 및 시·도에서 조류와 포유류는 「조수보호 및 수렵에 관한 법률」에 의하여, 파충류·양서류·곤충류·식물류 등은 「자연환경보전법」에 의거 환경부에서 각각 보호 관리하고 있습니다.

멸종위기 야생생물 Ⅰ급은 자연적 또는 인위적 위협요인으로 개체수가 크게 줄어들어 멸종위기에 처한 야생생물에 해당되며, 멸종위기 야생생물 Ⅱ급은 자연적 또는 인위적 위협요인으로 개체수가 크게 줄어들고 있어서 현재의 위협요인이 제거되거나 완화되지 못할 경우 가까운 장래에 멸종위기에 처할 우려가 있는 야생생물을 말합니다. 2017년 기준, Ⅰ급은 60종, Ⅱ급은 207종 등 총 267종을 멸종위기 야생생물로 지정하여 관리하고 있습니다.

이 책에는 멸종위기 야생생물의 일부만을 담았습니다. 비록 작은 이야기이지만 이 책의 출판을 통해 독자들도 쉽게 멸종위기종을 구분할 수 있고 보호에 동참할 수 있도록 노력하였으면 좋겠습니다.

목차

들어가는 글　　　002

PART 1 포유류

늑대	010	여우	042
대륙사슴	014	표범	046
반달가슴곰	018	호랑이	050
붉은박쥐	022	담비	054
사향노루	026	무산쇠족제비	058
산양	030	물개	062
수달	034	물범	066
스라소니	038	삵	070
		큰바다사자	074
		토끼박쥐	078
		하늘다람쥐	082

PART 2 양서·파충류

비바리뱀	088
수원청개구리	092
구렁이	096
금개구리	100
남생이	104
맹꽁이	108
표범장지뱀	112

PART 3 어류

감돌고기	118		가시고기	150
꼬치동자개	122		꾸구리	154
남방동사리	126		다묵장어	158
모래주사	130		돌상어	162
미호종개	134		버들가지	166
얼룩새코미꾸리	138		얼목어	170
임실납자루	142		칠성장어	174
퉁사리	146			

PART 1
포유류

| 포유류 | 양서/파충류 | 어류 |

늑대

멸종위기 야생생물 Ⅰ급

 형태 특성

늑대의 머리와 몸통의 길이는 95~120cm, 꼬리의 길이는 34~45cm, 귀의 길이는 10~12cm, 뒷다리의 길이는 24~27cm, 체중은 12~80kg입니다. 다리는 길고 굵으며, 개와 비슷하지만 몸은 셰퍼드와 같이 날씬하지 않고 조금 둔하게 보입니다. 긴 털로 덮인 꼬리는 발뒤꿈치 부근까지 늘어지며 개와는 달리 꼬리가 위로 향해 있어서 구부러지지 않습니다. 코는 넓은 머리에 비하면 길고 뾰족하게 보이며 이마도 넓고 한쪽으로 조금 기울어졌습니다. 눈은 비스듬히 붙어 있고 귀는 항상 빳빳이 일어서 있으며 밑으로 늘이지지 않았습니다. 서식하고 있는 지방의 기후, 풍토에 따라 털의 밀도와 색채에 큰 차이가 나타납니다.

생태 특성

늑대의 식욕은 대단해서 송아지와 염소 1마리를 앉은자리에서 다 먹을 수 있습니다. 며칠을 굶어도 살 수 있지만 물을 먹지 않고서는 얼마 살지 못합니다. 죽은 동물의 고기를 즐겨 먹지만 나무 열매도 잘 먹으며, 들꿩이나 멧닭과 같은 야생 조류를 잡아먹기도 합니다. 늑대는 일부일처제입니다. 보통은 가족 단위로 생활하지만, 겨울에는 여러 가족이 모여 큰 무리를 형성합니다. 휴식시간이 거의 없는 늑대는 야행성이지만 낮에 활동하기도 합니다. 하지만 먹이를 구할 자신이 있을 때에는 어디든지 질주하는 습성이 있습니다. 늑대는 시각·청각·후각이 발달되어 있는데, 특히 후각이 발달되어 죽은 동물의 냄새는 2km 이상 떨어진 곳에서도 맡을 수 있습니다. 이러한 발달사항은 무리 간 의사소통에도 유리하게 작용합니다. 늑대는 길게 울부짖는 소리가 특징인데, 그 소리는 3~11초가량 지속되며 이 소리를 이용해 멀리 떨어져 있는 다른 늑대와도 의사소통을 할 수 있습니다. 위급한 일이 생겨 무리를 다시 모아야 할 때에도 이와 같은 소리를 내기도 합니다. 한 마리의 수컷 늑대가 무리 전체를 이끌어 가며 모든 권력을 행사합니다. 자신의 권력을 확인하기 위해 때로는 자신보다 낮은 위치에 있는 늑대의 주둥이를 입으로 물기도 합니다. 먹이가 부족할 때 등 특이한 상황에서는 무리 간 싸움이 발생하기도 합니다. 싸움이 시작되면 다른 무리의 서식지 안으로 들어가 상대를 죽입니다. 평소 걸을 때는 8km/h로 이동하지만 천적에게 쫓기거나 먹이를 쫓아 뛰어갈 때는 70km/h의 속력을 냅니다. 체력도 좋아서 사냥할 때 적어도 20분 이상 지속적으로 먹이를 추적할 수 있습니다. 늑대는 몸의 크기에 비해 무는 힘이 매우 강하기 때문에 염소와 같은 동물을 물고 달아나는 데에는 도저히 사람이 따를 수 없을 정도로 빠릅니다.

서식지

해외에는 중국, 몽골 등지에 분포합니다. 국내에는 한반도 중·북부 지방, 황해도 평산, 경북 청송면, 지보면, 삼척, 문경, 수안보에서의 서식기록이 있습니다. 그러나 1960년대 이후부터 최근까지 발견되지 않고 있어서 현재 남한에서는 거의 자취를 감춘 것으로 간주되고 있습니다.

| 포유류 | 양서/파충류 | 어류 |

대륙사슴

멸종위기 야생생물 Ⅰ급

🔍 형태 특성

대륙사슴의 머리와 몸통의 길이는 90~190cm, 꼬리의 길이는 14cm, 귀의 길이는 15cm, 뒷발의 길이는 45cm, 어깨의 높이는 70~130cm이며, 뿔의 길이는 30~66cm입니다. 수컷의 뿔은 암컷보다 커서 30~80cm입니다. 우리나라 사슴과 동물 중에서 대형이며, 암컷과 수컷의 크기 차이가 뚜렷해서 수컷의 몸이 암컷보다 1.5배 정도 큽니다. 털의 색은 밤갈색에서 붉은 올리브색이고, 목 부분과 등 부분에 백색 반점이 많이 있습니다. 암수 모두 겨울에는 목에 갈기를 지닙니다.

포유류 | 양서/파충류 | 어류

생태 특성

대륙사슴의 먹이는 주로 풀, 나뭇잎, 연한 싹, 도토리, 이끼, 버섯류입니다. 해발고도 2,500m까지의 산림에 살며, 먹이를 먹을 때 외에는 산림을 떠나지 않습니다. 수컷끼리 또는 암컷끼리 무리를 이루거나 혼합 무리를 이루며 살고 있습니다. 먹이가 부족하게 되면 나무껍질도 먹고, 메밀, 조, 밤 등도 먹는데 소에 비해 거친 먹이에 잘 견디지만, 염소나 양보다는 못합니다.

서식지

해외에는 일본, 중국 북동부, 러시아 연해주에 분포하며, 중국에서는 위기종으로 분류하고 있습니다. 일제강점기 때 해수구제* 사업의 일환으로 벌어진 무분별한 사냥 때문에 남한에서는 1940년대 이후 멸종한 것으로 간주됩니다. 현재는 전국 여러 지역에서 사육되고 있으며, 제주도 한라산 등지에는 인위적으로 도입되어 서식하

- 일제강점기 때 조선총독부가 '사람과 재산에 위해를 끼치는 호랑이나 멧돼지 등 사람에게 해를 끼치는 동물을 몰아내어 없앤다'는 명분을 내세워 한반도 내 야생생물에 대한 체계적인 보전 정책 없이 야생동물들의 퇴치와 포획을 주도하고 장려한 것을 말합니다.

고 있습니다. 우리나라에 있는 대륙사슴(일명 꽃사슴)은 일본산, 대만산 또는 잡종이며, 분포 현황에 관한 정보는 지금까지도 부족한 실정입니다.

반달가슴곰

멸종위기 야생생물 Ⅰ급
천연기념물 제329호

🔍 형태 특성

반달가슴곰의 머리와 몸통의 길이는 138~192cm, 꼬리의 길이는 4~8cm, 귀의 길이는 9~15.5cm, 뒷발의 길이는 21~24cm, 체중은 80~200kg입니다. 대형 포유동물이지만 불곰에 비해서는 몸이 작은 편입니다. 앞가슴의 V자형 반달무늬의 크기는 변이가 심하며 무늬가 전혀 없는 개체도 있습니다. 얼굴은 길고 이마는 넓으며 귓바퀴는 둥글고 주둥이는 짧습니다. 목과 어깨 부위에 긴 갈기가 있는 것이 많습니다. 보통 몸 전체에 광택이 나는 검은 털로 덮여 있으며, 갈색 또는 적갈색인 반달가슴곰도 있습니다.

포유류 | 양서/파충류 | 어류

생태 특성

반달가슴곰은 나무굴이나 동굴에서 겨울잠을 자며 새끼는 겨울잠을 자는 도중에 낳습니다. 봄이 되면 산림 속의 습한 곳에 나타나 신선한 여러 가지 나무의 어린싹과 잎을 먹고, 7~8월에는 감미로운 나무뿌리를 캐 먹으며 앞발로 썩은 나무를 파서 여러 종류의 벌레와 개미 및 곤충의 번데기 등을 먹기도 합니다. 또 산속 개울에서 가재나 작은 물고기를 잡아먹으며, 들꿩과 꿩의 알 또는 새끼도 잡아먹습니다. 설악산과 지리산 같은 산악지대에는 야생벌이 많이 있는데 그 꿀을 먹기도 합니다. 반달가슴곰이 꿀벌의 날아가는 날개 소리를 듣고 꿀벌의 집을 발견하게 되면 앞발이 들어갈 수 있게 꿀벌의 출입구를 뚫어서 넓혀 놓은 후에 벌집을 끄집어내어 꿀벌과 꿀을 통째로 먹어치웁니다. 열매가 흉년일 때에는 잠복하고 있다가 노루나 산양과 같은 동물을 덮쳐서 잡거나 먹이가 가까이 있을 때는 앞발로 때려 넘어뜨리고 목을 물어뜯습니다.

서식지

우리나라에서는 반달가슴곰에 대해 지속적인 복원사업이 이루어지고 있으며, 현재 지리산 일대에 방사하여 보호하고 있습니다. 옛

날에는 백두대간을 중심으로 한반도 전역에서 살았지만 일제강점기 때 해수구제 사업으로 많은 수가 사라졌고, 웅담 때문에 밀렵이 끊이지 않아 현재는 멸종 직전에 이르렀습니다. 밀렵꾼에 의하여 설악산에서 마지막으로 포획·사살이 확인된 것은 1983년 5월입니다. 지금은 지리산, 설악산, 오대산, 태백산, 강원도 DMZ 지역에 적은 수가 남아있습니다.

| 포유류 | 양서/파충류 | 어류 |

붉은박쥐

멸종위기 야생생물 Ⅰ급
천연기념물 제452호

🔍 형태 특성

붉은박쥐의 몸통의 길이는 42.75~56.55mm, 앞발의 길이는 42.55~51.5mm, 꼬리의 길이는 36.6~50.1mm, 귀의 길이는 13.15~19mm입니다. 중형의 박쥐로 양털 같은 털이 있지만 광택이 없습니다. 귓바퀴는 가늘고 길며 약간 굽어 있습니다. 날개막은 다리의 바깥쪽으로 약간 튀어나와 있으며 뒷발 발가락 살에 부착되어 있습니다. 그리고 뒷발은 작습니다. 몸에 난 털과 날개, 뒷바퀴의 골격 부분 등은 오렌지색이고 귀의 가장자리, 뒷발, 엄지는 검은색입니다.

포유류 | 양서/파충류 | 어류

생태 특성

붉은박쥐는 동굴에서 생활하며 10월에서 다음해 5월까지 겨울잠을 잡니다. 겨울잠을 자는 시기 외에는 울창한 산림 지역에서 살아가는데 주로 관목이 발달한 활엽수림 지역에서 지냅니다. 낮에는 나뭇잎 아래에 매달려서 쉬거나 때로는 오래된 목조 가옥 또는 창고에서 발견되는 경우도 있습니다. 그리고 동굴이나 폐광은 겨울 동안 온도와 습도가 일정하게 유지될 뿐만 아니라 천적으로부터 안전하게 은신할 수 있기 때문에 많은 종류의 박쥐가 겨울잠을 자는 장소로 이용합니다. 야행성으로 낮에는 나뭇가지나 동굴 속에서 쉬고 밤에 먹이 활동을 합니다. 붉은박쥐의 주된 먹이는 곤충입니다. 그리고 붉은박쥐는 5마리 정도가 작은 무리를 이루며 지냅니다.

서식지

붉은박쥐는 우리나라에 서식하는 박쥐 가운데 가장 빨리 겨울잠에 들어서 가장 늦게 깹니다. 10월부터 다음해 5월까지 평균 200일 이상 겨울잠을 잡니다. 붉은박쥐가 겨울잠을 자는 장소는 높은 온도와 습도가 유지되어야 되기 때문에 우리나라 어떤 박쥐보다도 겨울잠을 자는 장소의 선택 조건이 까다롭습니다. 현재 붉은박쥐가 겨울잠을 자는 장소로 이용하고 있는 곳은 이러한 서식 조건을 충족한다고 볼 수 있기 때문에 기존에 알려진 서식처를 우선적으로 보존하는 것이 매우 중요합니다.

해외에는 일본, 중국, 대만, 라오스, 베트남 등지에 서식합니다. 국내에는 전국적으로 드물게 서식하며, 주로 충청도, 전라도, 경북 북부 지역, 제주도에서 관찰됩니다. 현재 임도건설*로 인한 산림파괴와 자연동굴 및 폐광의 입구 폐쇄에 따른 서식지 감소가 우려되고 있습니다.

붉은박쥐 이야기

우리나라에 서식하는 대부분의 박쥐는 갈색을 비롯해서 어두운 색인데 반해 붉은박쥐는 몸 전체가 선명한 오렌지색을 띱니다. 특히 등쪽의 털 색깔과 비막의 일부분은 그 색이 더욱 진해집니다. 오렌지 빛깔이 황금색을 연상시켜 '황금박쥐'란 별명도 있습니다. 동양에서 박쥐는 오복(五福)과 다산(多産)을 상징합니다. 박쥐를 뜻하는 한자인 복(蝠)이 복(福)자와 발음이 같아서 중국에서는 박쥐가 복을 가져다준다고 믿었습니다. 중화요리 음식점에 가면 복(福)자를 거꾸로 써서 붙여 놓은 걸 볼 수 있는데 이것은 '복이 온나'는 말이 '박쥐가 거꾸로 매달리다' 말과 발음이 같아서 복이 들어오라는 뜻으로 복(福)자를 박쥐처럼 거꾸로 붙여놓은 것입니다.

- 임업 경영 등에 경제적 효과를 가져올 것을 목적으로 하는 도로 건설 사업을 말합니다.

| 포유류 | 양서/파충류 | 어류 |

사향노루

멸종위기 야생생물 Ⅰ급
천연기념물 제216호

🔍 형태 특성

사향노루의 머리와 몸통의 길이는 70~100cm, 꼬리의 길이는 3~6cm, 귀의 길이는 7.5~10.5cm, 뒷발의 길이는 23~26cm, 어깨 높이는 50~70cm, 체중은 7~15kg 정도입니다. 외부 형태는 고라니와 비슷하지만 더 작습니다. 암컷과 수컷 모두 뿔이 없고, 수컷만 약 5cm 길이의 송곳니가 입 밖으로 나와 있습니다. 몸은 작고 튼튼하며 작은 머리를 가지고 있습니다. 발굽이 작고 다리가 짧으며 매우 짧은 꼬리는 겉에서 잘 보이지 않습니다. 털은 굵고 단단하며, 색상은 짙어서 몸 윗면은 검은 갈색을 띱니다. 눈 주위, 뺨, 귓등 부분의 털끝은 흰색이며, 아래턱은 회백색, 귓속의 털은 백색입니다. 흰색 줄이 두 눈으로부터 목의 좌우, 앞가슴을 지나 앞다리 안쪽까지 내려가 있습니다. 사향노루는 향선과 향낭이 있어서 사향이 형성

됩니다. 배 쪽에 사향 주머니가 있으며, 보통 3살 이상의 수컷에 잘 발달되어 있습니다.

생태 특성

사향노루는 바위가 많고 1,000m 이상 되는 높은 산의 침엽수림 또는 침엽수나 활엽수가 섞여 자라는 숲에서 삽니다. 대부분 홀로 생활하거나 어미와 새끼로 이루어진 2~3마리가 작은 집단을 형성하여 생활합니다. 바위가 많은 곳, 큰 나무 밑, 굴 또는 아늑한 곳에 보금자리를 정하고 저녁과 새벽에 활동하면서 이끼, 연한 풀, 나무순, 나무열매 등을 먹고 삽니다. 시각과 청각이 발달되어 있지만 겁이 많은 사향노루는 혼자 살다가 11~12월에 짝짓기를 합니다. 짝을 짓는 시기에는 사향샘이 발달하며 사향을 많이 분비하여 향기를 진하게 풍깁니다. 자연 상태에서의 수명은 10년 이하이지만 사육할 때에는 평균 20년 정도 생존합니다.

📍 서식지

해외에는 러시아, 카자흐스탄, 키르기스스탄, 중국 동북부, 몽골 등 아시아 동부에만 분포하며, 중국에서는 위기종으로 평가하고 있습니다. 국내에는 지리산 일대, 경북 일부 지역에 소수 개체가 서식하며, 강원도 지역에서는 다른 지역에 비해 개체군이 비교적 잘 유지되고 있는 것으로 알려졌습니다. 그러나 강원도 산간을 제외하고 나머지 지역의 서식지는 개발이나 단절에 의해 훼손될 가능성이 있습니다. 우리나라의 사향노루는 위가 풍성한 침엽수림이나 혼효림에 살며 평지에서는 보기 어렵습니다. 옛날에는 전라남도 목포를 기산지로 하여 우리나라 전역에서 포획되었는데, 무분별한 포획으로 개체수가 점차 줄어들었고, 최근에는 생태계의 파괴로 인하여 멸종 위기에 처했습니다.

| 포유류 | 양서/파충류 | 어류 |

산양

멸종위기 야생생물 Ⅰ급
천연기념물 제217호

형태 특성

산양의 머리와 몸통의 길이는 105~130cm, 꼬리의 길이는 11~16cm, 귀의 길이는 12~13cm, 뒷발의 길이는 30cm, 뿔의 길이는 13~14cm입니다. 암수 모두 뒤쪽으로 굽은 작은 뿔이 있습니다. 대부분의 털은 회갈색이지만 일부 털의 끝은 담흑갈색입니다. 이마와 뺨의 털은 살부터 암회갈색, 회백색, 흑색으로 거뭇거뭇하게 보입니다. 겨울털은 부드러우며 빽빽하게 나 있습니다.

생태 특성

산양은 해가 뜨기 직전인 새벽과 해가 진 직후에 가장 활발히 활동합니다. 하루 동안의 먹이 활동 중에서 75%가 이 시간대에 이뤄집

포유류 양서/파충류 어류

니다. 산양이 먹이로 삼는 식물은 매우 다양합니다. 신갈나무, 피나무, 잎쑥, 산새풀 등 28종 이상의 식물을 먹는데 주로 연한 줄기와 잎을 즐겨 먹습니다. 먹이가 부족할 경우 침엽수의 가지와 이끼류도 먹습니다. 또 도토리 같은 열매와 진달래, 철쭉 등의 잎도 잘 먹습니다. 산양은 한 자리에서 똥을 누는 습성이 있습니다. 콩알 크기의 똥을 하루에 30개에서 많게는 1,000여 개(평균 220여 개)까지 배설합니다. 이렇게 똥이 쌓이면 무더기를 이루는데, 산양은 앞이 확 트인 바위 밑에서 눈에 띄는 곳에 똥 자리를 마련하기 때문에 어떤 지역에 산양이 서식하는지를 알려면 똥 자리가 있는지를 먼저 확인하면 됩니다.

서식지

산양은 설악산, 대관령, 태백산과 같은 기암절벽으로 둘러싸인 산림지대에 서식합니다. 바위와 바위로 이루어진 절벽의 꼭대기, 산맥의 나지 등에서 볼 수 있으며, 겨울에는 폭설을 피해 다소 낮은 산림지대로 내려오기도 하지만 서식지에서 멀리 떠나지 않습니다. 성질이 매우 소심해서 한번 선택한 지역에서 영원히 살면서 이동하는 일은 없습니다. 소과에 딸린 발굽동물로서 계통·진화학 측면에서 소과 동물 조상의 형질을 가장 오랫동안 간직하고 있기 때문에 살아 있는 화석으로 불리기도 합니다. 세계적으로 4종의 산양이 있는데 모두 국제 보호종인 이유입니다. 해외에는 중국 동북지방, 아무르 우수리, 흑룡강 유역의 산림지대에 서식하며 우리나라에 약 700~900마리의 산양이 남은 것으로 추정됩니다. 그러나 현재 서식지 중에서 100마리 이상 안정적인 개체군을 이루는 곳은 비무장지대 및 인접 지역, 강원도 양구, 화천, 설악산, 경상북도 울진, 삼척, 봉화 등에 불과합니다. 나머지 지역은 적은 수가 고립된 채로 살아가고 있습니다. 현 상태로 방치할 경우 개체군 규모가 작은 지역에서는 머지않아 사라질 수 있습니다. 그래서 실제로 우리나라에 안정적으로 살고 있는 산양의 개체수는 400여 마리 정도밖에 되지 않습니다.

| 포유류 | 양서/파충류 | 어류 |

수달

멸종위기 야생생물 Ⅰ급
천연기념물 제330호

 형태 특성

수달은 납작하고 둥근 머리, 둥근 코와 작은 귓바퀴에 눈은 머리 위쪽에 붙어 있으며 작은 편입니다. 입 주변에는 안테나 역할을 하는 수염이 있습니다. 그리고 수달은 특이하게도 이빨 중에서 송곳니가 발달했습니다. 몸 전체에는 짧은 털이 빽빽하게 자라 있고, 몸은 가늘고 다리는 짧으며 몸길이의 2/3에 이르는 매우 긴 꼬리를 갖고 있습니다. 몸 아랫부분은 다소 옅은 갈색이, 턱 아랫부분은 흰색을 띠고 있습니다. 그리고 꼬리 아랫부분에 위치한 샘에서는 고약한 냄새를 풍기는 물질을 분비합니다.

| 포유류 | 양서/파충류 | 어류 |

💡 생태 특성

수달은 물이 있는 곳을 좋아합니다. 왜냐하면 발톱이 약하기 때문에 땅을 파서 보금자리를 만들지 못하기 때문입니다. 그리고 야행성이라 낮에는 보금사리에서 쉬고, 갑자기 위험 상태에 놓이면 물속으로 잠복합니다. 외부감각이 발달되어 있어서 밤낮으로 잘 보고, 작은 소리도 잘 들을 수 있으며, 후각으로는 물고기의 존재, 천적의 습격 등을 감지합니다. 먹이로는 주로 어류를 잡아먹는데 비늘이 있는 것보다는 없거나 적은 메기나 가물치, 미꾸리 등을 잡아먹습니다. 최근에는 하천을 따라서 도로가 많이 생기면서 그 곳을 따라 이동하는 중에 도로를 건너다 교통사고를 당하는 경우도 있습니다. 특히 갓 독립한 어린 새끼들은 자신의 세력권을 찾아서 멀리 이동하기 때문에 교통사고를 당할 확률이 높습니다. 또 물속의 어망에 잡혀 있는 물고기를 먹으려고 접근했다가 빠져나오지 못해 익사하는 일도 종종 벌어지고 있습니다. 왜냐하면 수달은 허파로 숨을 쉬기 때문에 물속에서 4분 이상을 견디지 못하기 때문입니다. 특히 통발 형태의 그물인 정치망은 한번 들어가면 빠져나오지 못해서 수달에게 큰 위협이 되고 있습니다.

수달 이야기

수달이 물속에서 헤엄쳐 나아갈 때는 마치 잠수함에서 발사된 어뢰처럼 물의 저항을 최소화하면서 자유자재로 유영할 수 있습니다. 전속력을 내고 싶다면 물갈퀴가 달린 네 발을 모두 사용해서 헤엄칩니다. 그러나 서두르지 않고 편안하게 물속을 유영할 때는 앞발은 가슴에 붙이고 뒷발만 천천히 움직이며 흐물흐물 돌아다니기도 합니다. 그 모습은 마치 크고 두꺼운 먹장어가 천천히 물속을 움직이는 것 같습니다. 수달이 물고기를 사냥할 때에는 물방울 하나 튀기지 않고 조용히 물속으로 잠수해 들어가지만, 배가 불러 다른 수달과 장난을 칠 때에는 이야기가 달라집니다. 여러 마리의 수달이 물에서 솟아올랐다가 다시 자맥질해 들어가는 요란한 행동을 반복할 때도 있습니다. 예전에 수달이 어떤 동물인지 모르던 시절에는 어둠 속에서 수달의 이러한 행동을 보고, 용이 되기 위해 물속에서 천년을 산다는 전설의 동물인 이무기로 착각하기도 했습니다.

| **포유류** | 양서/파충류 | 어류 |

스라소니

멸종위기 야생생물 Ⅰ급

🔍 형태 특성

스라소니의 몸통의 길이는 84~105cm, 꼬리의 길이는 19.5~20.5cm, 귀의 길이는 6.7~7.5cm, 뒷발의 길이는 20~23.3cm, 체중은 15~38kg입니다. 체구에 비해 다리가 두껍고, 털로 싸여져 있는 큰 발로 볼 때 추운 지역에 적응한 동물입니다. 몸은 뚱뚱한 편이고, 귓바퀴의 끝에 붓 같은 센 털이 길게 나 있는 것이 특징입니다. 머리는 크고 귀는 삼각형으로 끝이 검습니다. 볼에는 호랑이에게서 볼 수 있는 긴 볼수염이 있습니다. 무늬는 변이가 다양하며 점무늬 또는 줄무늬를 띠고, 꼬리는 자른 듯이 짤막하여 다른 고양이과 동물과 쉽게 구분됩니다. 수축되었을 때 눈동자의 모양은 짧은 타원형이고, 홍채는 연한 황색을 띕니다. 몸의 색깔은 베이지색, 붉은 갈색, 누런색 등 변이가 많고, 갈색이 도는 검은색 반점이 있습니다. 이 반점은 여름털에서는 뚜렷하지만 겨울털에서는 뚜렷하지 않습니다.

생태 특성

스라소니는 링크스(Lynx)라고도 합니다. 스라소니의 다리는 크고 강하며 인내력이 강하기 때문에 수십 리를 쉽게 이동합니다. 그러나 단거리는 빠른 속도로 질주하지만 먼 거리를 뛰면 곧 피로를 느끼게 됩니다. 그래서 한번 선택한 지역에서 1년의 대부분을 보내면서 멀리 떠나지 않지만, 겨울과 이른 봄이 되어 배가 고플 때에는 먹이를 찾아서 먼 곳으로 이동하기도 합니다. 스라소니는 나무를 잘 타며 나뭇가지로 몸을 잘 숨깁니다. 보통 물을 피하지만 필요할 때에는 비교적 쉽게 넓은 강을 헤엄쳐서 건너갑니다. 스라소니는 고도가 높은 산림에 서식하는 것으로 알려져 있는데 낮에는 무성한 덤불이나 바위 그늘에 숨어 있다가 해가 진 후 어두울 무렵과 새벽에 활동을 많이 합니다. 행동이 민첩하고 활동 범위가 넓어서 노루, 사슴, 어린 멧돼지, 사향노루, 산토끼, 꿩, 어치, 닭, 쥐 등을 먹고 가축을 습격하는 일도 많습니다. 성질이 난폭하며, 잠복하고 기다렸다가 먹이를 잡아먹고, 헤엄도 잘 치고 나무타기도 잘 합니다.

서식지

해외에는 유럽에서 시베리아, 중국, 몽골 지역 등 북위 40도 아래로는 좀처럼 서식하지 않으며, 북한의 함경북도와 자강도 일대에 매우 적은 개체가 생존하는 것으로 추측하고 있습니다. 국내에서는 모피 때문에 남획되어 절멸되었다고 추정됩니다.

| 포유류 | 양서/파충류 | 어류 |

여우

멸종위기 야생생물 Ⅰ급

 형태 특성

여우의 머리와 몸통의 길이는 60~78cm, 꼬리의 길이는 40~47cm, 뒷발은 12~18cm, 귀의 길이는 7~9cm입니다. 평균 무게는 수컷이 5.9kg, 암컷은 5.2kg 정도입니다. 개과의 다른 동물과 달리 몸통의 길이에 비해 꼬리가 굵고 긴 편입니다. 여우의 주둥이 부위는 가늘고 예리한 모양을 하고 있습니다. 코는 가늘고, 귀는 크며 서 있습니다. 다리는 길고 가는 편이고, 털은 짙은 갈색에서 붉은색이며, 귀의 뒷면과 발등 부분은 검은 색입니다. 그리고 수컷이 암컷에 비해 조금 큰 편입니다.

생태 특성

여우는 산지의 숲, 초원, 마을 부근 등에 있는 바위틈이나 흙으로 된 굴에서 생활하며, 굴을 파기도 하고 다른 동물의 굴을 빼앗아 이용하기도 합니다. 수컷은 단독 생활을 하고, 암컷은 가족 군집 생활을 합니다. 여우는 잡식성으로 쥐, 토끼, 새와 새의 알, 개구리, 물고기, 식물의 열매, 곤충 등을 다양하게 잡아먹는데 이렇게 함으로써 여우는 자연생태계에서 설치류 군집 조절자 역할을 담당합니다. 여우는 개방된 지역이나 시야가 확 트인 공간에서 풀로 덮인 자리에 자리를 잡고 휴식합니다. 날씨가 좋지 않으면 오소리굴이나 오래된 배수 시설 등과 같은 곳에서 쉬며, 무더운 여름엔 햇빛을 막아주는 숲속 휴식처에서 쉽니다. 이처럼 낮에는 주로 휴식하고 주로 밤에 활동하는데 주요 활동 시간대는 아침과 저녁입니다. 일부 지역에서는 낮에 활동하기도 합니다.

서식지

우리나라 여우는 유라시아 대륙, 북아프리카, 캐나다, 미국 등 가장 널리 서식하는 종입니다. 유럽의 경우, 도시 지역 내 공원, 정원, 촌락 부근 등에서도 살고 있습니다. 일부 국가에서는 여우의 수가 너무 많아 인위적으로 개체수를 조절하고 있습니다. 우리나라의 경우 1960년대까지는 인가 주변에서의 목격담이 자주 있었으나 무분별한 포획 및 쥐 박멸 운동으로 인해 1980년 이후 우리나라의 자연 생태계에서는 멸종된 것으로 여겨져 왔습니다. 최근 수컷의 사체가 발견되기도 했지만 야생 개체인지 탈출한 사육 개체인지는 확인되지 않았습니다. 현재는 소백산에서 복원 중입니다.

여우 이야기

여우가 쥐를 잡는 모습은 매우 재미있습니다. 쥐가 눈치를 못 챌 정도로 조용히 접근하다가 껑충 뛰어올라 아래로 수직으로 내리꽂듯이 쥐를 덮치기 때문입니다. 갑자기 공중에서 공격하기 때문에 경계심이 많고 재빠른 쥐를 효과적으로 사냥할 수 있답니다. 여우의 이런 독특한 사냥 행동은 사람들의 상상력을 자극하기에 충분합니다. 옛 전설이나 민담 속에서 여우가 재주를 부리고 다양한 모습으로 변신하는 등의 신비한 능력을 지닌 것으로 묘사되는 것도 여우의 이런 독특한 행동에서 비롯된 것입니다.

표범

멸종위기 야생생물 Ⅰ급

🔍 형태 특성

다 자란 표범의 경우, 머리와 몸통의 길이는 106~180cm, 꼬리의 길이는 70~100cm, 뒷다리의 길이는 20~32cm, 귀의 길이는 7~12cm입니다. 몸은 늘씬하고 강하며 머리는 크고 둥그렇습니다. 코는 다소 뾰족하며 목은 짧고 눈은 동그랗습니다. 귀는 짧고 둥글며 귀 끝에 뾰족하게 솟아난 털은 없습니다. 수염은 짧고 꼬리는 길어서 항상 몸통 길이의 절반을 넘습니다. 발톱은 반달 모양으로 생겼는데 강하고 날카롭습니다. 털의 색깔은 황색 또는 황적색으로 몸체, 다리 및 꼬리에 검은 점무늬가 있습니다. 허리 부분과 몸 옆면의 무늬에는 중앙에 엷은 황갈색 털이 나 있어서 엽전(조선시대 동전)처럼 보이기도 합니다.

| 포유류 | 양서/파충류 | 어류 |

고양이과 동물들의 생김새 비교

재규어(jaguar)	치타(cheetah)	표범(leopard)	퓨마(Puma)
• 크고 넓은 머리에 작은 점이 찍혀 있다. • 몸에는 검은색 테두리 안에 점이 박힌 무늬가 있다.	• 얼굴에 검은색 줄무늬를 갖고 있다. • 중앙부가 엷지 않은 얼룩무늬가 몸에 있다.	• 얼굴에 작은 점을 갖고 있다. • 속에 검은 점이 없는 매화꽃 무늬가 있다.	• 둥근 귀를 갖고 있다. • 어릴 땐 얼룩무늬가 있으나, 생후 3개월이 되면 몸에 얼룩무늬가 없어진다.

출처: 두산백과

생태 특성

표범은 고산지대의 산림 속에 살며 해진 뒤나 새벽에 활동합니다. 동작이 민첩할 뿐만 아니라 걸음걸이가 빠릅니다. 또한 점프로 더 빠르게 움직이는 것은 노루나 사슴과 같은 동물을 추적하기에 알맞습니다. 표범이 물에 대한 공포감이 있지만 필요한 때에는 넓은 강도 헤엄쳐 건너갑니다. 먹이로는 노루, 토끼, 멧닭, 꿩, 오소리, 너구리, 들쥐를 잡아먹습니다.

📍 서식지

해외에는 중국, 중앙아시아, 시베리아, 아프리카, 인도, 미얀마, 스리랑카, 말레이시아, 자바 등지에 널리 분포합니다. 과거에는 전국(경기도 광릉, 지리산, 설악산, 오대산, 전남 천태산, 묘향산)에서 서식했던 기록이 있지만, 한반도에서는 절멸된 것으로 추정됩니다. 인간의 모피에 대한 수요 및 서식지 파괴를 주요 위협요인으로 들 수 있습니다.

| **포유류** | 양서/파충류 | 어류 |

호랑이

멸종위기 야생생물 Ⅰ급

 **형태 특성**

호랑이는 우리나라에 서식하는 맹수 중 가장 큰 종으로, 머리와 몸통의 길이는 140~280cm, 꼬리의 길이는 60~97cm, 귀의 길이는 10cm, 뒷발의 길이는 31cm, 체중은 100~250kg입니다. 몸의 윗면에 검은 가로무늬 줄이 24개가 있고, 꼬리에도 검은 고리 모양의 가로무늬가 8개 있습니다. 몸 윗면은 선명한 황갈색이고 아랫면은 전반적으로 백색이며 연한 색의 가로무늬 줄이 있습니다. 생후부터 생긴 검은 줄무늬는 성장 후에도 남아있습니다. 수컷은 암컷보다 크고 강한 턱과 긴 송곳니가 특징입니다. 발톱의 발달이 좋고 특히 엄지 발톱이 강력합니다. 보통 때에는 엄지 발톱을 발톱집 속에 넣어 둡니다.

포유류 | 양서/파충류 | 어류

💡 생태 특성

호랑이는 자신이 잡은 신선한 야생동물의 고기만 먹는데, 배가 고플 때에는 죽은 고기, 오래된 고기도 먹습니다. 동작이 매우 빠르고 매사에 조심성 있게 행동합니다. 그래서 도망가는 야생동물을 쫓아가서 잡는 일이 거의 없습니다. 소리를 내지 않고 먹이가 되는 다른 야생생물에 접근하며, 자기 몸이 보이지 않게 걸어가는 동작과 모양은 마치 뱀이 땅 위를 기어가는 동작과 비슷합니다. 가장 많이 먹는 먹이는 멧돼지이며 노루, 산양, 곰, 사슴들이 살고 있는 곳에 대기하고 있다가 덤벼들어 잡아먹습니다. 먹이를 찾아서 하루 동안 보통 80~100km를 달립니다. 보폭은 80cm에 달하며 항상 뒷발이 앞발자국을 되밟는 습성이 있습니다. 헤엄을 잘 치며 무더운 여름에는 냇가로 내려가서 산간 계류의 선선한 곳에서 쉬고, 낮에는 모기와 파리과 곤충들을 피하여 폭포수가 떨어지는 물안개가 낀 물가의 바위 위에서 낮잠을 잡니다. 단독으로 생활하는 경우가 일반적이지만 새끼를 키울 때에는 암컷과 수컷, 새끼들로 구성된 가족 단위의 무리를 이룹니다.

📍 서식지

호랑이는 전 세계적으로 약 360여 마리가 생존하는 것으로 알려져 있습니다. 해외에는 중국 동북 지구, 만주, 길림성, 송화강, 목단강, 우수리에 분포하고 있습니다. 북한에서는 함경도 지방에 소수가 서식하는 것으로 추측하지만 정보가 부족합니다. 국내에는 1921년 경주 대덕산에서 마지막으로 한 마리가 포획된 이후 발견되지 않았고, 강원 및 경북 지역 조사에서도 발견되지 않았습니다.

| 포유류 | 양서/파충류 | 어류 |

담비

멸종위기 야생생물 Ⅱ급

 형태 특성

다 큰 담비의 경우, 몸통의 길이는 59~68cm, 꼬리의 길이는 40~45cm, 뒷다리의 길이는 10~14cm, 귀의 길이는 3.5~5cm입니다. 몸통은 가늘고 길며 꼬리는 몸통 길이의 2/3 정도입니다. 머리, 얼굴, 다리, 꼬리는 검은 갈색이고 귀 뒤로부터 한 줄의 검은띠가 있습니다. 등쪽은 대부분 밝은 갈색으로 꼬리 쪽으로 갈수록 어두운 갈색을 띠고 배쪽 털은 연한 살구색입니다. 목 부분은 밝은 노란색으로 목덜미는 어두운 색이며 아래턱은 흰빛을 띱니다. 발가락의 다른 면에도 털이 있습니다.

생태 특성

담비의 서식지는 주로 울창한 산림 지역입니다. 2~3마리가 무리를 지어 생활하고 나무를 잘 타고, 때문에 나무 위에서의 생활도 가능합니다. 또한 나무를 타고 땅 위를 달리기 때문에 천적을 잘 피하며, 무리 지어 다니면서 자기보다 강한 오소리를 습격하기도 합니다. 담비는 항문선에서 나오는 분비물로 자신의 세력권을 표시합니다. 짝짓기는 일반적으로 1년에 1회로 시기는 여름인 것으로 알려져 있으며 임신 기간은 9개월 정도로 3~5마리를 출산합니다. 식성은 잡식성으로 식물의 열매와 꿀을 선호하며 멧토끼, 고라니 새끼, 양서류, 파충류, 조류, 소형 설치류 등 다양한 먹이를 먹기 때문에 현재 상위 포식자가 대부분 멸종된 것으로 알려진 한국의 산림에서 최상위 포식자로 알려져 있습니다.

서식지

해외에는 수단, 중국, 인도네시아, 파키스탄, 러시아, 타이완, 베트남 등지에 분포합니다. 국내에는 경기도 광릉, 서울 부근, 중부, 설악산, 속리산, 지리산 등 전국 내륙 산악지대에 분포합니다. 서식지가 산악지대로 한정되어 있기 때문에 산간도로 건설 등의 영향으로 인해 서식지가 파괴되고 있습니다. 과거에는 한반도 중동부 지역에서 흔히 관찰되었으나, 1980년대부터 산림 파괴에 따른 서식 공간 부족으로 남부 지방에서는 개체군이 급감했고, 분포 지역도 감소했습니다.

| 포유류 | 양서/파충류 | 어류 |

무산쇠족제비

멸종위기 야생생물 Ⅱ급

형태 특성

무산쇠족제비의 몸통의 길이는 16cm, 꼬리의 길이는 4cm, 체중은 70g 정도입니다. 머리에서 엉덩이까지 굵기가 같지만 배만 조금 가느다랗습니다. 눈은 비스듬해서 짧고 둥글고, 코 부분이 약간 뾰족합니다. 꼬리는 짧고, 꼬리 끝으로 갈수록 가늘어집니다. 다리는 작고 짧으며, 발가락은 가늘고 그 사이는 털로 덮여 있습니다. 발톱은 가늘고 날카롭지만 땅을 파기에는 적당하지 않아서 굴을 파지 않고, 쥐의 굴을 빼앗아 생활합니다. 몸의 색깔은 여름에는 윗면은 붉은 갈색이고, 뒷다리 안쪽의 몸 아랫면은 흰색입니다. 겨울에는 북방족제비와 같이 갈색 털이 순백색으로 바뀌며, 꼬리 끝, 털끝까지 순백색으로 털갈이를 합니다. 그래서 '쇠흰족제비'라고도 합니다.

💡 생태 특성

무산쇠족제비는 들쥐 또는 소형 설치류를 잡아먹으며 상당히 큰 야생조류를 습격하기도 합니다. 무산쇠족제비 한 마리가 1년에 2,000~3,000마리의 설치류를 잡아먹으며 개구리, 도마뱀, 뱀, 곤충, 게 등도 잡아먹습니다. 동작이 민첩하여 점프하면서 잘 달리고 그 점프의 폭은 20~30cm입니다. 그리고 시각·청각·후각 등의 감각이 발달되었습니다. 무산쇠족제비는 전형적인 족제비과의 영토적 패턴을 가지는데 여러 마리의 암컷을 포함하는 독재적인 수컷들로 이루어져 있습니다. 각 영토의 밀집도는 먹잇감과 생식 성공에 따라 달라집니다. 그래서 무산쇠족제비의 모든 영토의 사회적 구조나 밀집도는 굉장히 불안정하고 변동이 쉽습니다. 족제비처럼 수컷의 무산쇠족제비는 봄이나 음식이 부족한 때에 활동 범위를 늘립니다. 냄새로 표시하는 행동도 족제비랑 비슷합니다. 주로 배설물, 소변, 그리고 항문과 피부의 선 분비물을 이용하는데 마지막 두 개는 항문을 끄는 것과 몸의 움직임에 따라 달라집니다.

서식지

해외에는 러시아, 일본, 유럽, 중국, 미국, 캐나다 등에서 널리 분포하고 있습니다. 한반도에는 북한 지역의 함경북도 무산을 포함하여 제주도와 울릉도를 제외한 전국에서 분포합니다. 강원도 오대산과 설악산, 경상북도 청도, 경기도 성남, 그리고 지리산 등지에서 서식이 확인된 바 있습니다. 북방계 동물인 무산쇠족제비는 1927년 함경북도 무산에서 포획되어 우리나라에 최초로 알려졌습니다. '무산'이라는 이름은 함경북도 무산군에서 널리 알려졌다 해서 붙여졌으며, 쇠는 '작다'라는 의미로 사용되었습니다.

| 포유류 | 양서/파충류 | 어류 |

물개

멸종위기 야생생물 Ⅱ급

형태 특성

물개는 한 동물의 정해진 이름이 아닌 일반적인 이름으로 귀가 있는 기각류의 통칭으로 바다사자류와 오타리아류를 말합니다. 물개류는 귓바퀴가 없는 물범류와 구별되며 바다사자류와 더 유사합니다. 크기는 바다사자류보다 대체적으로 작지만, 보통 수컷의 몸무게가 암컷보다 약 5배 정도 더 무겁습니다. 머리는 튼튼하고 목이 굵으며 몸은 방추형입니다. 다리는 모두 물고기의 지느러미 모양이어서 헤엄치기에 적당하며, 앞지느러미가 상대적으로 길고, 뒷지느러미를 앞으로 회전할 수 있어서 다리로 걸을 수 있다는 점이 물범류와 다릅니다. 꼬리는 매우 짧고, 귀는 작습니다. 수컷은 성숙하면 목에서부터 어깨에 걸쳐 갈기가 생깁니다.

| **포유류** | 양서/파충류 | 어류 |

생태 특성

물개는 외딴 섬의 해안이나 바위가 많은 곳에 서식하며 오징어, 청어, 명태, 정어리 등을 먹습니다. 물속에서는 주로 앞다리를 써서 시속 25km 정도로 헤엄칩니다. 낮에는 물밑 암석이 많고 물이 그다지 깊지 않은 곳에서 헤엄치고 놀다가 저녁부터 일정한 암초에 모여서 잡니다. 물개는 잠 잘 때나 교미할 때 이외에는 좀처럼 암초에 올라오지 않습니다. 짝짓기 시기는 6~7월입니다. 주로 북위 42도 이북의 북태평양의 동서 연안 및 해양 지역의 도서 지역에서 번식하고, 겨울에 북위 34도 해역까지 남하합니다.

서식지

해외에는 오호츠크 해, 베링 해 주변 해역에 걸쳐 광범위하게 분포하고 있습니다. 국내에는 겨울에 동해를 거쳐 남해 및 서해 남부에 가끔 출현하며, 과거에는 동해안에서 물개류 중 가장 흔한 종이었습니다. 그러나 사람들이 물개들이 서식하는 곳의 어류를 남획하여 물개들의 먹이 자원을 감소시켜서 서식 환경이 매우 열악해졌으며, 엘리뇨 현상과 같은 환경변화에 의해 서식 환경이 변화해 물개들의 생존에 악영향을 미치고 있습니다.

물범

멸종위기 야생생물 Ⅱ급
천연기념물 제331호

 형태 특성

물범은 '잔점박이물범'이라고도 불리며, 바다표범과 중에서 가장 작은 동물입니다. 성숙한 수컷의 최대 몸길이는 1.7m, 암컷은 1.6m이며, 암컷과 수컷의 체중은 82~130kg입니다. 출생 당시의 몸길이는 77~92cm, 체중은 7~12kg입니다. 앞머리 부위가 둥글면서 높고 귓바퀴는 아주 작으며, 주둥이는 끝이 좁고 중앙에 골이 있으며 목은 짧습니다. 물범의 앞다리는 앞으로, 뒷다리는 뒤로 향해 있어서 방향을 바꿀 때 불편합니다. 몸의 색깔은 일반적으로 옅은 은회색이며, 일정한 크기의 타원형 점들이 흩어져 있습니다.

포유류 | 양서/파충류 | 어류

생태 특성

물범의 북태평양 서식 개체군들은 겨울철에 북위 40도 이북의 해상까지 남하합니다. 육지 생활에는 매우 부적합하여 백령도와 리아오동만을 왕복하며 생활합니다. 번식기가 되면 수컷이 암컷을 여러 마리 거느리는데 이때 암컷은 해상에서 표류하는 얼음 위에서 1월 하순 경에 새끼 1마리를 낳습니다. 새끼의 털은 태어난 직후에는 흰색의 털로 온몸이 덮여 있기 때문에 얼음과 눈 등 주위 환경에 은폐되어 포식자의 눈에 잘 띄지 않습니다. 어미와 새끼 1마리가 얼음 사이에서 생활하면서 주로 명태, 청어, 대형 플랑크톤 등을 잡아먹습니다.

서식지

해외에는 북태평양, 러시아 캄차카, 일본 홋카이도, 미국 캘리포니아 알류샨 해역 등지에 분포하고 있습니다. 겨울부터 초여름 사이에는 떠다니는 얼음이 있는 수역에, 늦은 여름부터 가을에는 연안과 강 하구에 분포하며 국내에는 백령도를 비롯해 가로림만과 전국의 동해·서해·남해 일원에 분포합니다. 산업개발로 인한 환경오염으로 희생되고, 관광지 개발과 어민들의 어류 남획으로 인한 먹이

부족 등으로 늘 위험에 노출되어 있어서 해가 거듭될수록 개체수가 현저히 감소하고 있습니다.

삵

멸종위기 야생생물 Ⅱ급

형태 특성

삵의 머리와 몸통의 길이는 45~55cm, 꼬리의 길이는 15~40cm, 귀의 길이는 3.3~4.2cm입니다. 뒷발의 길이는 10.5cm~12.2cm입니다. 고양이처럼 생겼지만 고양이보다 크고 모피에 부정확한 반점이 많은 것이 특징입니다. 그래서 '살쾡이'라고 불리기도 합니다. 몸은 비교적 길고 다리는 짧으며 꼬리에는 분화된 가로줄이 있습니다. 꼬리는 머리와 몸통 길이의 절반 정도이며 발톱은 매우 날카롭지만 작고 색깔은 황백색입니다. 털의 색깔은 황색 혹은 황갈색이며, 몸에 반점이 배열되어 있습니다. 흑갈색 무늬 두 줄과 흰색 무늬가 이마에서부터 코 양옆까지 이어져 있습니다. 꼬리에는 회황갈색을 띤 희미한 7개의 둥근 점이 있고 꼬리 끝은 다소 검은 편입니다.

| **포유류** | 양서/파충류 | 어류 |

생태 특성

삵의 식성은 설치류, 조류, 곤충 등을 다양하게 먹지만 그중에서 설치류를 가장 많이 먹습니다. 야행성 동물이며 은신처는 산림 속 쓰러진 큰 나무나 바위 틈새, 각종 땅의 구멍 등을 이용하는 것으로 알려져 있습니다. 삵은 산림지대의 계곡, 바위굴, 연안, 관목으로 덮인 산골짜기 개울가에서 주로 살며, 마을 근처에서 살기도 합니다. 단독 또는 한쌍으로 생활하며, 골짜기의 외진 곳에서는 낮에도 먹이를 찾아다닙니다. 입을 크게 벌릴 수 있고 머리는 둥글며, 턱의 근육이 발달하여 먹이나 다른 물건을 물어뜯는 힘이 셉니다.

서식지

해외에는 러시아, 중국, 시베리아, 일본 등에 분포하고 있습니다. 국내에는 제주도와 일부 도서 지역을 제외하고 전국적으로 분포하지만 정확한 개체수 현황을 알 수 있는 자료가 부족합니다. 과거에는 우리나라의 산간 계곡에서 흔히 볼 수 있었는데 6.25 이후 '프라톨'과 같은 강력한 살서제(급성적인 독작용)를 무제한 사용한 결과 제2차적 피해로 말미암아 삵과 여우와 같은 종들은 큰 위기에 처하기도 했었습니다.

큰바다사자

멸종위기 야생생물 Ⅱ급

형태 특성

큰바다사자는 '스텔러바다사자'라고도 불리는 바다사자과 중에서 가장 큰 종입니다. 큰바다사자 수컷의 몸길이는 2.8m, 암컷의 몸길이는 2.3m, 체중은 평균 273kg입니다. 가장 큰 특징은 머리와 주둥이가 크고 넓으며, 머리의 크기에 비해 눈과 귓바퀴는 작습니다. 송곳니가 크고 앞니 역시 송곳니처럼 뾰족합니다. 성숙한 개체의 수염은 길게 자랐습니다. 성숙한 수컷을 제외한 나머지 개체는 주둥이와 정수리가 뚜렷하게 구분되지 않으며, 이마가 없습니다. 성숙한 수컷은 두개골 꼭대기에 벼슬 모양의 돌출부가 있어서 정수리와 주둥이가 구분됩니다. 또한 번식기의 수컷은 목과 어깨 부근이 강건하고 긴 보호털이 늘어진 갈기털이 있고, 앞지느러미 발은 매우 길고 넓습니다. 이러한 특징으로 인해 하체는 홀쭉하고, 상체는

포유류 | 양서/파충류 | 어류

우람하게 보여서 마치 사자와 같은 형태를 보입니다.

생태 특성

큰바다사자는 명태, 대구, 고등어, 가자미, 청어, 볼락, 성대와 같은 물고기와 오징어, 문어와 같은 연체동물을 주로 잡아먹고 삽니다. 영리하게도 얕은 바다에 물고기가 떼를 지어 있는 곳에서 사냥하기를 좋아하는데 왜냐하면 물고기가 많은 곳에서는 잡기가 수월하기 때문입니다. 때때로 강이 흘러드는 하류까지 진출해 철갑상어처럼 바닷물과 민물이 만나는 곳에 사는 물고기도 잡아먹습니다. 하지만 해양생태계의 최상위 포식자인 큰바다사자도 종종 범고래나 백상아리에게 잡아먹히기도 합니다. 큰바다사자는 북극지방의 얼음이 둥둥 떠다니는 곳을 좋아하며, 바위나 모래 위, 또는 풀이 많은 곳에서 살고 있습니다. 주위를 살피는 데 민감하여 대부분 사람의 접근을 꺼립니다. 위험을 느낄 때에는 곧장 바다 속으로 들어가며, 울음소리는 사자의 울부짖음처럼 크고 우렁찹니다.

📍 서식지

해외에는 북위 66도 근처, 북아메리카 서해안, 캘리포니아의 산미겔 섬 등지에 분포합니다. 국내에는 독도, 울릉도 연안에 서식합니다. 다만 우리나라에는 번식 장소가 없고, 사할린 주변과 캄차카 반도의 번식지에서 남하합니다. 겨울에서 봄에 걸쳐 출현하며 서해에는 드물게 어린 수컷이 나타나고, 동해에는 주로 다 큰 수컷이 출현합니다. 큰바다사자의 개체수 감소 및 멸종위기에 처한 가장 큰 위협요인으로는 큰바다사자의 먹이가 되는 어류가 인간의 어업 대상이 되거나 직접 포획, 익사, 그물에 걸려 죽는 것 등이 있습니다.

| 포유류 | 양서/파충류 | 어류 |

토끼박쥐

멸종위기 야생생물 Ⅱ급

 **형태 특성**

토끼박쥐의 머리와 몸길이는 4.2~6cm, 귀의 길이는 3.1~4.3cm입니다. 중형의 박쥐로 귀가 다른 부위에 비해서 매우 길어서 '긴귀박쥐'라고도 부릅니다. 몸의 털은 암갈색 또는 담갈색입니다. 좌·우 귀의 밑부분은 이마를 지나 서로 접해 있습니다. 주둥이는 짧고, 콧구멍은 위로 열려 있고, 콤마 모양(,)으로 뒤쪽이 좁고 깁니다. 털은 길고 부드러우며, 등쪽에서는 세 가지색(앞쪽의 끝부터 약간의 광택이 있는 담갈색, 베이지색, 올리브 갈색)을 나타내고, 배쪽에서는 두 가지 색깔, 즉 앞쪽의 끝부터 담황색과 갈색을 띠며 목 부분에서는 앞쪽의 끝에 황색을 띤 털이 섞여 있습니다.

포유류 양서/파충류 어류

💡 생태 특성

토끼박쥐는 서식 환경에 따라 나무 구멍, 동굴, 가옥 등을 이용합니다. 겨울에는 주로 습도가 높은 동굴이나 폐광에서 겨울잠을 자는데 주로 11월에서 다음해 3월까지 단독 또는 몇 개체가 모여서 겨울잠을 잡니다. 나비, 나방, 강도래 등의 곤충을 주식으로 하며, 먹이 사냥은 산림 지역에서 느린 속도로 팔랑거리면서 비행합니다.

📍 서식지

해외에는 유럽부터 동아시아, 러시아의 우수리 지역까지 분포합니다. 국내에는 한반도의 이북 지방에 분포하며, 주로 강원도와 충북, 경북 북부의 산간지대에 분포합니다. 강원도 지방의 폐광 등에서 극히 일부의 개체가 매년 겨울잠을 자는 것이 관찰되기도 합니다. 서식지가 주로 산악지대와 동굴, 폐광에 한정되어 있기 때문에 임도건설, 간벌작업*, 산악도로 건설 등으로 인해 서식지가 파괴되고 있습니다.

- 나무들이 적당한 간격을 유지하며 잘 자라도록 불필요한 나무를 솎아 베어내는 일을 말합니다.

포유류 양서/파충류 어류

하늘다람쥐

멸종위기 야생생물 Ⅱ급

🔍 형태 특성

하늘다람쥐의 머리와 몸통의 길이는 14.6~16.3cm, 꼬리의 길이는 9.75~12.1cm, 체중은 8~12kg입니다. 야행성 소형 설치류로 날개막을 이용하여 나무와 나무 사이를 활공해서 이동하는 특성이 있습니다. 다른 설치류에 비해 눈이 매우 크며, 귀는 짧고 폭이 넓습니다. 꼬리는 편평하고 몸통보다 짧습니다. 앞발의 발목 부위에서부터 뒷발의 무릎 부위에 걸쳐 날개막이 있으며, 앞발목과 목 옆 및 뒷발과 꼬리 사이의 날개막은 매우 작습니다. 등은 엷은 회색 계통과 갈색 계통이 있습니다. 겨울털은 엷은 색으로 변하며, 온회색에 가깝습니다. 배 부위는 백색이며, 눈 주위는 흑갈색입니다. 우리 조상들이 '나는 다람쥐' 또는 '날다람쥐'라고 불렀던 하늘다람쥐는 앞다리와 뒷다리 사이의 피부를 넓게 펼쳐서 하늘을 나는 독특한 다람쥐입니다. 하늘다람쥐의 가장 큰 특징인 날개 역할을 하는 이 부분을 활강막 또는 비막이라 합니다. 그러나 하늘다람쥐는 새처럼 완전한 날개로 비행하는 것은 아니며, 단지 비막을 펼쳐서 글라이더처럼 활강합니다. 하늘다람쥐는 나무와 나무 사이를 이동할 때 우선 나무 윗부분으로 기어 올라갑니다. 그리고 점프와 동시에 비막을 쫙 펼쳐서 단번에 다른 나무로 활강하여 날아갑니다. 공기 흐름에 따라 20m에서 최대 100m를 넘는 거리를 날아가기도 합니다.

생태 특성

하늘다람쥐는 침엽수와 활엽수가 섞여 자라는 숲에서 삽니다. 특히 좋아하는 서식지는 침엽수인 가문비나무가 주를 이루면서 곳곳에 사시나무를 비롯해 자작나무와 오리나무 같은 낙엽수가 쑹무하게 자라는 숲입니다. 하늘다람쥐는 이들 낙엽수에서 먹이를 얻고 또 나무에 난 구멍은 둥지로 이용합니다. 그래서 딱따구리가 나무에 파 놓은 구멍이나 나무의 옹이가 빠지면서 자연스럽게 형성되는 옹이구멍에 주로 둥지를 틉니다. 드나드는 입구의 크기만 적당하면 이미 다른 새가 둥지로 쓰고 있는 구멍을 빼앗기도 합니다. 나무 구멍이 없으면 나뭇가지를 엮어서 타원형의 둥지를 만듭니다. 하늘다람쥐는 둥지 바닥에 이끼나 지의류 같은 부드러운 재료를 깔고 그 위에서 생활합니다. 자작나무와 오리나무 종류에서 볼 수 있는 기다란 꼬리처럼 아래로 늘어뜨린 꽃줄기는 하늘다람쥐에게 더할 나위 없이 좋은 먹잇감입니다. 오리나무의 꽃은 작은 꽃이 모여서 긴 꼬리 모양을 이룹니다. 그 외에도 좋아하는 먹잇감은 나뭇잎, 씨앗, 새싹, 새순, 견과류, 과육과 즙이 많은 과일 등이 있습니다. 하지만 종종 둥지 속의 새알이나 새끼 새를 잡아먹기도 합니다. 겨울을 나기 위한 식량은 오리나무와 자작나무의 꽃이 만발할 때 따서 비축해두기도 합니다.

서식지

해외에는 러시아 동부, 중국 북부, 일본 북해도 등지에 분포합니다. 국내에는 제주도와 울릉도 및 도서 지역을 제외하고 전국적으로 널리 분포합니다. 동강 지역의 우거진 노거수림에서 서식밀도가 높은 것으로 알려져 있습니다. 하늘다람쥐는 산림벌채, 댐 건설, 서식시의 환경변화와 훼손, 병충해 예방을 위한 농약 중독 등에 의해 위협받고 있습니다.

PART 2
양서·파충류

비바리뱀

멸종위기 야생생물 Ⅰ급

형태 특성

비바리뱀의 전체 길이는 30~60cm 정도입니다. 등은 황갈색, 적갈색으로 특별한 무늬가 없습니다. 정수리는 흑색이고, 흑갈색의 불규칙한 무늬가 있습니다. 정수리의 흑색 무늬는 목덜미까지는 넓게 나타나고 목덜미 아래부터는 등의 척추를 따라 서서히 가늘어지다 희미해집니다. 배면은 담황색, 황백색이고 배 비늘의 양쪽 가장자리는 적갈색이 나타나지만 뱀과의 파충류와 달리 흑색의 작은 반점이 없습니다. 몸통 가운데 비늘 열은 대부분 17줄이며, 비늘에 용골이 없습니다. 비바리뱀은 제주도에 서식하는 파충류로 겉모습이 연약하고 고와서 제주도 방언으로 처녀를 뜻하는 '비바리'라는 이름을 얻게 되었습니다.

| 포유류 | **양서/파충류** | 어류 |

생태 특성

주요 활동 시기는 4월부터 10월까지이고 11월경 겨울잠에 들어가면 다음해 3월경에 깨어납니다. 주로 도마뱀과 같은 작은 파충류를 먹으며 뱀의 새끼도 잡아먹는 것으로 알려져 있습니다.

서식지

해외에는 타이완, 홍콩, 하이난을 포함한 중국 서부, 베트남 북부에 서식합니다. 국내에는 1981년에 한라산 성판악에서 처음 채집되어 미기록 종으로 보고되었습니다. 우리나라에서는 제주도에서만 관찰됩니다. 그러나 개체수도 적고, 제한된 서식처로 인해 급격히 줄어들고 있습니다. 또한 생물지리학, 분류학에서 중요한 종이지만 현재 생태에 관해 알려진 것은 많지 않습니다.

수원청개구리

멸종위기 야생생물 Ⅰ급

🔍 형태 특성

수원청개구리는 주둥이부터 총 배설강까지의 길이는 2.5~4cm 정도로 한국에 서식하는 개구리 중 가장 작습니다. 등은 녹색, 녹청색이고 배는 백색입니다. 등과 배는 모두 특별한 무늬나 반점이 없습니다. 콧구멍부터 눈과 목덜미를 지나 몸통까지 갈색, 담갈색의 줄무늬가 있습니다. 수컷의 울음주머니는 대부분 황색이지만 개체에 따라 턱 아래에만 부분적으로 흑색이 나타나는 경우도 있습니다. 청개구리와 비교하여 상대적으로 몸집이 작고 뒷다리가 짧으며, 발가락 사이에 물갈퀴가 널 발달해 있습니다. 수원청개구리의 머리는 청개구리 보다 좀 더 뾰족한 형태입니다.

포유류 **양서/파충류** 어류

생태 특성

수원청개구리는 4월부터 활동을 시작하여 5월에서 7월 사이에 번식하며, 주로 논과 주변의 농수로에서 알과 성체를 볼 수 있습니다. 수원청개구리는 짝짓기 때가 되면 모의 풀을 네 발로 잡고 우는데, '웽-웽-' 하며 낮은 소리로 웁니다. 주로 초저녁부터 울기 시작해서 청개구리보다 이른 시간대에 울음소리가 들립니다.

서식지

수원청개구리는 1980년 일본 양서류 연구자 구라모토 미쓰루가 국내에서 일반 청개구리와 울음소리의 차이를 확인하고 신종으로 발표하였습니다. 우리나라 고유종으로 강원도 원주, 경기도, 서울, 충청남도, 전라북도와 충청북도의 일부 지역에 분포합니다. 서쪽으로 흐르는 큰 강의 범람원 지대의 대규모 논에서 발견되고 있으며, 생태학적 정보도 부족한 편입니다. 수원에서 처음 발견되었다고 하여 '수원청개구리'라는 이름이 붙여졌습니다. 대규모 농지 환경변화에 의해 대부분의 서식 지역에서 급속히 사라지고 있습니다.

포유류 | 양서/파충류 | 어류

구렁이

멸종위기 야생생물 Ⅱ급

 형태 특성

구렁이의 전체 길이는 110~200cm 정도입니다. 개체에 따라 몸색깔의 변이가 심합니다. 등 면은 검은색, 암갈색, 황갈색 등으로 다양한데 회백색 또는 가장자리가 흑색이고 내부가 황백색인 가로줄무늬가 있는 경우도 있고 희미하게 나타나거나 아예 없는 경우도 있습니다. 윗 입술판과 아랫 입술판의 가장자리에 흑색, 황갈색의 가는 세로줄 무늬가 있습니다. 배는 대부분 황백색, 회백색이며, 흑갈색의 반점이 산재한 경우도 있고 없는 경우도 있습니다. 몸통 가운데 비늘 열은 대부분 23줄이며, 바깥쪽 3~5줄을 제외하고 나머지 비늘에는 용골이 있습니다. 머리는 크고, 주둥이는 잘린 모양이며, 눈이 크고, 콧구멍은 타원형입니다. 이마판은 방패 모양이고, 앞 이마판은 다각형으로 바깥쪽이 좁습니다. 민가의 돌담이나 방죽, 밭

둑의 돌 틈에 서식하며 농가의 퇴비 속에 알을 낳기도 하는데 퇴비가 발효하면서 생기는 열로 알이 부화됩니다.

생태 특성

구렁이는 다람쥐, 등줄쥐, 청설모와 같은 설치류를 비롯하여 조류와 양서류까지 잡아먹습니다. 조류의 경우, 둥지 안에 있는 알과 갓 태어난 새끼를 선호합니다. 4월부터 활동을 시작하여 5월부터 6월까지 짝짓기를 합니다. 암컷은 7월부터 8월까지 8~22개의 알을 산란하며, 알은 45~60일 후 부화합니다. 11월부터 산 사면의 땅속, 바위틈, 돌담 등에서 겨울잠을 잡니다.

서식지

해외에는 중국 중부 및 북부와 러시아에 분포합니다. 국내에는 제주도를 제외하고 전국적으로 분포하나 밀렵 및 서식지 파괴에 의한 위협요인이 지속적으로 작용하고 있습니다. 그러므로 적극적인 서식지 보호 및 강력한 밀렵 단속이 필요하며 이들의 보호를 위해 최근 증식 및 복원 연구를 국가기관 및 학계에서 추진하고 있습니다.

구렁이 이야기

보통 민담에서는 구렁이가 사람을 잡아먹는 무서운 동물이나 신통력을 지닌 동물로 표현하지만, 한편으로는 인간에게 도움을 받으면 반드시 은혜를 갚고 부정을 용납하지 않는 동물로 묘사되었습니다. 어린 소년에게 도움을 받았던 구렁이가 소년이 장가가는 길을 따라가서 신랑을 죽이려고 숨어 있던 간부를 찾아내어 신랑을 구출해 주었다는 이야기도 널리 전승되는 민담입니다. 구렁이는 보통 뱀보다 훨씬 큰 뱀으로서 신성시되었던 동물입니다. 가정의 수호신으로서 업 신앙이 있는데 업의 정체는 대개 구렁이로 나타납니다. 업은 이를 위하고 믿는 사람에게만 눈에 뜨이고, 가운이 막힐 때는 집을 떠난다고 알려져 있습니다. 또, 구렁이가 집 주변에 나타나면 큰비가 온다고 믿었고, 또한 예기치 못한 큰 변이 닥친다고도 생각했습니다. 한편, 구렁이는 음흉하거나 능글맞은 동물로 인식되었습니다. 일을 처리하는 데 남이 눈치채지 못하게 슬그머니 해치울 때 '구렁이 담 넘어가듯'이라고 하고, 본심을 드러내지 않고 은근히 계획을 추진하는 사람을 '능구렁이'라고 합니다.

포유류 | 양서/파충류 | 어류

금개구리

멸종위기 야생생물 Ⅱ급

형태 특성

금개구리는 주둥이부터 총 배설강까지의 길이가 3.5~6cm 정도입니다. 등은 녹색, 갈색 등으로 주변 환경에 따라 다양합니다. 눈 뒤에서부터 등 양쪽에 갈색, 금색의 뚜렷한 융기선 2줄이 있어서 3줄의 참개구리와 쉽게 구분됩니다. 그리고 금색의 융기선 사이에 크고 작은 돌기들이 불규칙하게 산재해 있습니다. 배는 대부분 황색 또는 금색입니다. 가을경에 진한 갈색으로 몸의 색이 변하며 겨울잠을 자고 다음해 봄에 기온이 상승하면 몸은 다시 녹색으로 변합니다. 수컷의 턱 아래에는 2개의 울음주머니가 있는데 다른 개구리들과 비교해 크기가 무척 작습니다. 그래서 암컷이 수컷보다 몸집이 2~3배 더 큽니다.

포유류 **양서/파충류** 어류

생태 특성

금개구리는 저지대의 논, 농수로, 배수로, 물웅덩이, 습지, 저수지의 수초가 무성한 곳에서 주로 관찰됩니다. 4월이면 겨울잠에서 깨어나 5월부터 7월까지 서식했던 장소에서 그대로 번식합니다. 수컷은 암컷의 가슴 부위를 잡아 포접합니다. 10월이면 논둑이나 주변의 제방, 농경지 부근에 위치한 밭에 흙을 파고들어가 겨울잠을 잡니다. 금개구리는 수면에서 쉽게 마주칠 수 있는 곤충류를 주로 잡아먹고, 가끔 송사리나 개구리류도 먹습니다. 금개구리의 생태는 참개구리와 거의 유사하지만, 번식기, 구애 음성, 그리고 거의 물에서 떠나지 않는 습성을 가진 점이 다릅니다. 금개구리가 살고 있는 지역에서는 참개구리도 함께 살고 있어서 두 종은 생태적으로 서로 경쟁적 관계에 있다고 볼 수 있습니다. 참개구리와 매우 닮아 두 종의 구별이 쉽지 않지만 등에 난 돌기가 없거나 점 모양이면 금개구리, 길쭉한 돌기가 있으면 참개구리입니다.

서식지

금개구리는 우리나라 고유종으로 과거에 제주도를 포함한 남한 전역에 분포하는 것으로 알려졌습니다. 그러나 최근 조사 결과 경기도, 경상남도 합천, 대구, 서울, 세종, 인천, 충청남도, 전라북도와 충청북도 일부 지역에서 서식하고 있는 것으로 확인되었습니다. 서식지 파괴가 최대의 위협요인으로, 농지의 감소 및 생태적 단절, 주택과 도로의 건설, 수질오염 등이 감소 요인으로 작용하고 있습니다.

남생이

멸종위기 야생생물 Ⅱ급
천연기념물 제453호

🔍 형태 특성

남생이의 등갑의 길이는 25~45cm 정도입니다. 등갑은 암갈색 혹은 황갈색이며, 여러 개의 판으로 나뉘어져 있습니다. 등갑의 중앙과 양쪽 등에는 총 3개의 뚜렷한 용골이 있고, 가장자리는 둥근 형태입니다. 또한 머리와 다리를 등갑 안으로 완전히 넣을 수 있습니다. 복갑 역시 여러 개의 판으로 나뉘어져 있으며, 암갈색 또는 황갈색입니다. 머리 윗면은 대부분 암녹색, 녹회색, 또는 흑색이며, 특별한 무늬가 없습니다. 머리의 측면에는 눈 뒤에서부터 목덜미까지 노란색의 줄무늬가 여러 개 있습니다. 배딱지의 모양은 다양한 편입니다. 배딱지와 등딱지를 연결하는 지지대가 발달해서 튼튼하게 연결되어 있습니다. 남생이는 머리가 크고 뒤쪽이 작은 비늘로 덮여 있습니다. 위턱은 약간 뾰족하게 튀어나와 있으며 중간 부분이 굽어 있지 않습니다. 위턱과 아래턱이 만나는 부분은 넓으며 편평합니다. 4개의 다리에는 물갈퀴가 있습니다. 가끔 몸 전체가 검은색을 띠는 '흑화형' 남생이가 관찰되기도 하는데, 재밌게도 흑화형은 수컷에서만 나타납니다. 수컷은 암컷에 비해 발톱이 발달했고 꼬리가 깁니다. 그래서 남생이의 암수를 구별하려면 뒤집어서 꼬리를 당겨 보면 됩니다.

생태 특성

남생이의 서식지와 생태에 대해서는 잘 알려지지 않았으나, 최근 연구 결과에 따르면 늦가을에 짝짓기를 하고 10월 하순이나 11월 초에 겨울잠에 들어가는 것으로 확인되었습니다. 남생이는 땅속 또는 물속에서 겨울잠을 자는데, 다음해 4~5월에 깨어납니다. 보통 물속에서 겨울잠을 잔 개체가 땅속에서 겨울잠을 잔 개체보다 먼저 깨는 경향이 있습니다. 갓 태어난 새끼는 배 부분에 난황이 붙어 있습니다. 계란의 노른자에 해당하는 난황은 새끼가 자랄 때 필요한 영양분을 공급합니다. 약 7일 이내에는 난황이 모두 없어지고, 새끼는 본격적으로 먹이 활동을 시작합니다. 먹이는 어른과 새끼가 차이가 없습니다. 물속의 수서곤충, 우렁이 같은 연체동물, 과수원

바닥에 떨어진 열매, 닭의장풀이나 명아주와 같은 주변에서 흔히 자라는 풀 등 아무거나 닥치는 대로 먹는 잡식성입니다.

서식지

남생이는 우리나라 전역에 분포하는 것으로 알려져 있습니다. 하지만 경상도와 전라도 등 남부 지방에서 주로 관찰되며, 충남과 대전 등에도 서식하는 것이 확인되었습니다. 서식지별로 개체수가 주로 5마리 미만으로 발견되어 개체 밀도는 매우 낮은 것으로 추정됩니다. 남생이는 우리나라뿐만 아니라 세계적으로 보호가 시급한 멸종위기종입니다. 특히 원산지이자 최대 서식 지역이기도 한 중국에서는 지금까지도 서식지 파괴와 밀렵이 끊이지 않아서 세계자연보전연맹(IUCN)의 적색목록에는 우리나라 적색목록보다 등급이 더 높은 위급으로 평가하고 있습니다. 동아시아를 대표하는 민물거북인 남생이를 보호하기 위해서 우리의 지속적인 관심과 노력이 필요합니다.

맹꽁이

멸종위기 야생생물 Ⅱ급

🔍 형태 특성

맹꽁이는 '맹-맹-맹', '꽁-꽁-꽁' 하는 울음소리 때문에 맹꽁이라고 이름 붙여졌습니다. 좌우로 특이한 체형을 가진 맹꽁이는 '쟁기발개구리'라고도 합니다. 몸길이는 약 4.5cm로 몸통은 퍼져 있고, 머리 부분은 짧아 몸 전체는 둥그렇습니다. 등에 작은 융기가 산재하고, 황색 바탕에 청색을 띱니다. 머리 부분에는 검은색의 대리석 무늬가 있으며, 가슴과 몸통 뒤 끝에 이르는 부분에 검은색 얼룩무늬가 있습니다. 등에 있는 작은 융기 주위는 검은색으로 둘러싸여 있습니다. 몸통의 배 면을 이루는 바탕색은 황색이고, 양옆에 연한 검은색을 띤 대리석 모양의 얼룩무늬가 있습니다. 주둥이는 짧고 작으며 앞 끝이 약간 둔하면서 뾰족하게 돌출되어 있습니다. 울음주머니는 아래턱 앞쪽 끝에 1개가 있으며, 아래·뒤 턱에는 이가 없습니

포유류 | **양서/파충류** | 어류

다. 혀는 타원형이고 앞 끝에 돌기가 없습니다. 암컷은 수컷보다 몸집이 조금 더 큽니다. 물갈퀴는 거의 발달하지 않았지만 뒷발에 돌기가 발달해 있습니다.

💡 생태 특성

맹꽁이는 연중 땅속에 서식하며, 야간에 땅 위로 나와 포식활동을 하고, 6월경의 우기에 물가에 모여 산란합니다. 산란은 보통 밤에 하지만 비가 오거나 흐린 날씨에는 낮에도 수컷이 울음소리로 암컷을 유인합니다. 이러한 습성으로 인해 산란시기 외에는 울음소리를 들을 수 없고 눈에 띄지도 않습니다. 평지, 습지 주변의 관목림과 초지에서 서식하지만 낮에는 대부분 흙 속에 숨어있어 관찰이 어렵습니다. 제주도의 경우, 해안 저지대부터 중·신간의 오름과 주변의 목초지까지 널리 분포합니다. 주로 밤에 나와 육상에서 거미류, 메뚜기, 귀뚜라미, 모기와 같은 곤충류, 지렁이와 같은 빈모류를 잡아먹습니다. 4월부터 활동을 시작하며, 6월부터 8월까지의 기간 중 비가 집중적으로 내리는 장마철에 번식한 후, 10월부터 서식지 근처의 땅속에서 겨울잠을 잡니다.

서식지

해외에는 중국 중부 및 동북부 일대에 분포하며, 국내에는 전국의 습지에서 서식합니다. 본래 전국에 넓게 서식해서 흔히 보던 종이었으나 장마철에만 한꺼번에 출현하는 특징 때문에 지금까지는 일부 지역에서만 서식이 보고되고 있습니다.

포유류 | 양서/파충류 | 어류

표범장지뱀

멸종위기 야생생물 II급

형태 특성

표범장지뱀의 몸길이는 7~9cm, 꼬리길이는 7cm입니다. 등의 비늘은 작고 알갱이 모양입니다. 등쪽에 표범무늬 모양의 얼룩 반점이 8~14개 있고, 네 다리에도 동그란 얼룩무늬가 퍼져 있는 것이 특징입니다. 윗 입술판은 6개이며, 머리 양쪽에 황색의 가는 줄이 나 있고, 비늘에는 용골이 없습니다. 발톱은 끝이 날카롭게 잘 발달되어 있고, 몸통에 46~62개의 비늘 줄이 나 있습니다.

생태 특성

표범장지뱀은 모래톱에 숨어 있다가 주변에 모이는 거미나 곤충을 먹고 삽니다. 낮에 주로 활동하는 주행성이라서 아침에 동이 트고

이슬이 마르면 활동하기 시작해 해가 지면 땅속에 들어가 잠을 잡니다. 낮에 달궈진 모래톱에서 일광욕을 하는데 온도가 너무 높으면 굴을 파고 들어가서 체온을 낮추고, 다시 체온이 떨어지면 밖으로 나와 일광욕을 합니다.

서식지

해외에는 중국 북부, 러시아, 몽골에 분포하며 국내에는 해안 사구와 하천변 모래톱 등 주로 모래땅에 서식합니다. 다른 도마뱀류도 마찬가지이지만 표범장지뱀도 행동권이 매우 좁습니다. 최근 태안해안국립공원에서 조사한 바에 따르면 표범장지뱀은 직선거리로 300m 이상, 서식 면적은 80m² 이상의 공간을 이용하며 평균 50m 이내의 범위에서 살아가는 것으로 조사되었습니다. 평생을 좁은 면적에서 살아가지만 번식기가 되면 수컷은 암컷을 찾기 위해 행동권이 좀 더 넓어지는 경향이 있습니다. 표범장지뱀의 국내 최대 서식지로 600여 마리 이상이 서식하는 것으로 추정되는 태안해안국립공원에서는 기존에 훼손된 서식지를 복원하고 또 별도로 특별보호구역도 지정해 보호하고 있습니다. 대학에서는 표범장지뱀의 인공 증식 기술을 비롯한 보전과 복원을 위한 다양한 연구가 시도되고 있습니다. 서울시 노원구의회의 경우, 2015년 8월 표범장지뱀을 보호하는 조례안을 통과시켜 지자체에서도 표범장지뱀의 보호에 힘을 보태고 있습니다.

표범장지뱀 이야기

표범장지뱀속의 도마뱀을 영어로 경주자라는 뜻의 레이스러너(racerunner)라고 하는데 유라시아 대륙의 사막과 건조한 초원 지대에 주로 살면서 모래땅에서 민첩하게 움직이기 때문에 붙은 이름입니다. 그 중에 표범장지뱀은 우리나라와 중국 북부, 러시아, 몽골에 분포하며 영어로는 몽골리안 레이스러너(Mongolian racerunner)라고 부르기도 합니다.

PART 3
어류

감돌고기

멸종위기 야생생물 Ⅰ급

🔍 형태 특성

감돌고기는 몸길이가 7~10cm인 작은 민물고기입니다. 태어나서 1년이면 몸길이가 5~7cm에 이르고, 2년이면 7~9cm, 3년이면 10cm 이상까지 자랍니다. 몸은 검은 바탕으로 옆면에는 구름 모양의 흑갈색 반점들이 있고, 몸 중앙의 옆줄을 따라서 주둥이부터 꼬리까지 선명한 흑갈색의 줄무늬가 있습니다. 등지느러미, 배지느러미, 꼬리지느러미에 2개의 검은 띠가 있어서 매우 아름답습니다.

💡 생태 특성

감돌고기는 물살이 빠르고 바닥이 큰 돌이나 자갈로 된 하천 중·상류의 여울에서 사는데, 2급수 이상의 비교적 물이 맑고 수심이

30~150cm인 곳에서 10마리 이상의 단위로 무리를 지어 살고 있습니다. 식성은 잡식성으로 돌에 붙은 이끼 같은 조류도 먹지만, 애벌레 때 물속에서 보내는 하루살이, 날도래, 파리 무리에 속한 수서곤충의 애벌레를 즐겨 먹기도 합니다. 그래서 감돌고기를 사투리로 '금강돗쟁이', '거먹딩미리'라고도 합니다.

서식지

감돌고기는 우리나라 고유종으로 금강 상류에서 채집되어 신종으로 기재되었습니다. 만경강과 웅천천, 진안 등에서도 출현하는 것이 보고되었으나, 농약, 공장, 축산폐수 등으로 인한 수질오염, 무분별한 하천공사와 골재 채취 및 댐 건설로 인해 서식지가 파괴되면서 감소하고 있습니다.

감돌고기 이야기

감돌고기는 번식 생태가 아주 독특합니다. 산란철인 5~6월이 되면 수심이 30~90cm 쯤 되고 물살이 약한 돌 밑이나 바위 틈에 꺽지가 알을 낳은 곳에 알을 낳습니다. 꺽지는 돌 밑의 적당한 곳에 산란장을 만들어 알을 낳은 뒤에, 새끼가 부화할 때까지 다른 물고기가 알을 먹지 못하도록 지키는 습성이 있습니다. 감돌고기는 무리를 지어 꺽지의 산란장에 뛰어들어 꺽지가 혼란스러워하는 틈을 타서 자신들의 알을 꺽지의 알 사이에 붙이고 도망칩니다. 꺽지는 감돌고기를 쫓아내려고 하지만 많은 수가 한꺼번에 달려들기 때문에 속수무책입니다. 이후 꺽지는 감돌고기의 알도 자신의 알과 함께 열심히 지키고 보호합니다. 꺽지는 다른 물고기를 잡아먹고 사는 사나운 육식성 물고기입니다. 평소에는 꺽지만 보면 도망치기 바쁜 감돌고기가 유독 산란철만 되면 목숨을 건 행동을 하는 이유는 꺽지에게 자신의 알을 맡기는 것이 그렇지 않은 것보다 부화성공률이 훨씬 높기 때문입니다. 감돌고기처럼 남의 둥지에 알을 낳아 다른 동물이 자신의 새끼를 키우게 하는 행동을 어려운 말로 탁란이라고 합니다. 탁란하는 습성을 지닌 동물 중에 가장 잘 알려진 것은 뻐꾸기입니다.

포유류 | 양서/파충류 | **어류**

꼬치동자개

멸종위기 야생생물 Ⅰ급
천연기념물 제455호

🔍 형태 특성

꼬치동자개의 몸길이는 보통 6~9cm이며, 10cm 이상 자랍니다. 몸의 형태는 짧고 옆으로 납작합니다. 등지느러미의 연조 수는 9개, 뒷지느러미의 연조 수는 15~20개, 새파의 수는 10~13개입니다. 머리는 위아래로 납작하며, 주둥이는 짧고 둥그렇습니다. 수염은 4쌍이 있으며, 가슴지느러미의 가시는 전후에 거치가 있고 꼬리지느러미의 가운데가 약간 안쪽으로 패여 있습니다. 아가미, 등지느러미, 기름지느러미가 끝나는 지점에는 얕은 노란색 반점이 있으며 꼬리지느러미 시작 부분에는 빗달 모양의 옅은 반점이 있습니다.

포유류 | 양서/파충류 | **어류**

생태 특성

꼬치동자개는 야행성으로 낮에는 돌 밑에 숨어서 지냅니다. 그래서 밤 9~12시 사이에 주로 먹이 활동을 합니다. 먹이는 수서곤충, 갑각류, 물고기알 등이지만, 가장 즐겨먹는 것은 애벌레 때 물속에서 보내는 여러 종류의 수서곤충 애벌레입니다. 실제로 꼬치동자개의 위 내용물을 분석한 연구에서 하루살이, 날도래, 파리, 깔따구 종류의 애벌레를 주로 먹는 것으로 조사되었습니다. 그 해에 태어난 어린 꼬치동자개는 크기가 작은 꼬마하루살이와 깔따구 종류의 애벌레를 주로 먹고, 좀 더 자라면 동양하루살이와 날도래 종류의 큰 애벌레를 많이 잡아먹습니다.

서식지

우리나라 고유종으로 낙동강의 남강, 회천, 금호강, 감천 등의 하천에서만 서식하고 있습니다. 농약, 생활하수, 공장폐수, 축산폐수 등으로 인한 수질오염, 수해복구, 도로 건설, 다리 건설 등의 무분별한 하천공사 및 골재 채취로 인한 서식지 파괴가 심각한 실정입니다.

꼬치동자개 이야기

꼬치동자개는 가슴지느러미를 뒤로 젖히면서 가슴지느러미에 있는 가시의 밑 부분과 그와 연결된 관절 면 사이에 마찰을 일으켜 '빠각빠각' 하는 소리를 냅니다. 가슴지느러미 관절을 이용해 빠각빠각 소리를 내기 때문에 '빠가사리'라고도 불립니다. 위협을 느낄 때 이러한 소리를 내어 상대를 놀라게 하는데, 소리의 전달력이 공기보다 큰 물속에서 이 소리는 상당히 크고 위협적으로 들립니다. 이처럼 소리를 내어 자신을 방어하는 습성을 보이는 것은 동자개과에 속한 물고기의 특징입니다.

남방동사리

멸종위기 야생생물 Ⅰ급

🔍 형태 특성

남방동사리의 몸길이는 10~15cm이며, 몸 앞부분은 원통형이고 뒷부분은 옆으로 납작합니다. 제2등지느러미의 연조 수는 9~10개, 뒷지느러미의 연조 수는 7~9개, 옆줄 비늘 수는 34~42개입니다. 눈은 작고 머리의 위쪽에 있습니다. 주둥이는 길고 입은 크며, 양턱에는 이가 있으나 입천장과 서골에는 이가 없습니다. 가슴지느러미와 꼬리지느러미의 뒤 가장자리는 둥그렇습니다. 몸은 진한 갈색이며 배는 노란색을 띠고 있고, 몸 옆면에는 흑갈색의 구름 모양 반점이 3개 배열됩니다. 그리고 모든 지느러미에는 줄무늬가 있습니다. 등쪽에서 볼 때 제1등지느러미 아래의 무늬는 나비넥타이 모양입니다.

포유류 | 양서/파충류 | **어류**

🔆 생태 특성

남방동사리는 야행성으로 하천 수변부의 수초에 숨어 있다가 지나가는 물고기나 수서곤충 등 작은 동물을 잡아먹습니다. 남방동사리는 큰 입에 위턱과 아래턱에 끝이 뾰족한 날카로운 이빨이 조밀하게 나 있어서 물고기, 수서곤충, 갑각류, 개구리 등을 잡아먹습니다. 입천장과 입천장의 앞쪽 가운데 세로로 있는 보습뼈에는 이빨이 없습니다. 살아 움직이는 동물만 잡아먹는 강한 육식성을 띠는 하천 생태계의 최상위 포식자 중에 하나입니다. 그래서 최상위 포식자답게 남방동사리는 주둥이가 크고 강한 턱과 이빨을 가지고 있습니다. 그러나 재밌게도 남방동사리는 적이 접근하면 처음에는 놀라서 도망치지만 이내 공격 태세를 취하게 되는데, 이때부터는 더 이상 도망치지 않는 습성이 있어서 사람의 손에 잡히기도 합니다. 산란기 외에는 혼자 살아가면서 일정한 세력권을 형성하는데, 세력권 내에 다른 개체가 침입하면 쫓아내는 방어 행동을 보입니다.

📍 서식지

남방동사리는 국내 유일의 서식지인 거제도 산양천에서도 상류에 위치한 구천댐 아래쪽에만 분포합니다. 2000년까지는 동부 저수지

아래쪽에서도 서식했으나, 최근에 하천정비를 하면서 바닥을 파고 물길을 고르고, 자연형 하천을 조성한다는 명목으로 주변에 제방을 두르는 등 각종 공사가 진행되어 남방동사리가 사라졌습니다. 현재는 구천댐과 동부 저수지 사이의 겨우 $10km^2$ 이하의 매우 좁고 제한된 수역에만 서식하고 있기 때문에 이 지역을 보호수역으로 설정하고 공사를 제한하는 등의 보존 대책이 시급합니다.

남방동사리 이야기

생물지리학적으로 매우 가치가 높지만, 현재는 $10km^2$ 이하의 매우 좁은 수역에만 서식하고 있어서 보존 대책이 시급합니다. 이전까지 거제도에서 발견되는 동사리를 한반도 전역에서 흔히 볼 수 있는 동사리와 같은 종으로 보았으나, 채병수 박사의 연구로 일본 종과 같다는 것이 밝혀졌습니다. 이때 우리나라에 사는 동사리 종류 중에서 가장 남쪽에 분포하여 '남방동사리'라는 이름을 붙였다고 합니다. 민물에서만 사는 남방동사리는 과거(빙하기)에 하천이 한반도와 일본이 지리적으로 연결되어 있었다는 증거가 되는 등 한반도와 일본 열도의 생명 역사를 밝히는 매우 가치가 큰 종입니다.

모래주사

멸종위기 야생생물 Ⅰ급

🔍 형태 특성

모래주사의 몸길이는 10~12cm입니다. 모래무지와 비슷하지만 그다지 크지는 않습니다. 몸은 원통 모양으로 가늘고 길며 옆으로 조금 납작합니다. 꼬리자루는 옆으로 납작합니다. 눈은 머리의 등쪽에 붙고, 눈은 동그랗습니다. 주둥이는 끝이 둔한 원뿔 모양으로 위쪽이 조금 오목하며, 입은 밑에서 보면 반원형입니다. 또한 아래턱이 위턱보다 짧습니다. 입술에는 피질돌기가 발달했으며, 윗입술의 피질돌기는 가운데에 있는 것들이 비교적 크고 입 구석으로 갈수록 작아져서 결국 포도송이처럼 됩니다. 입 구석에 달린 한쌍의 입수염은 가늘고 눈의 지름과 거의 같은 길이입니다. 아가미는 비교적 넓으며 양옆의 것이 모두 열립니다. 비늘은 기와지붕처럼 덮여 있습니다. 등지느러미는 배지느러미보다 앞에서 시작되고 지느

포유류　양서/파충류　**어류**

러미의 끝이 안으로 조금 굽어 있습니다. 뒷지느러미의 바깥 가장자리는 조금 안쪽으로 굽어 있습니다. 가슴지느러미는 배쪽에 달려 있고 옆으로 퍼져 있습니다. 꼬리지느러미는 2개로 갈라지고, 위아래 조각의 크기가 같으며 끝이 뾰족합니다. 측선(옆줄)은 완전하고 몸 양옆의 가운데 부분을 거의 직선으로 달리지만 등지느러미보다 앞부분은 배쪽으로 굽어 있습니다. 몸 빛깔은 등쪽이 청갈색, 옆구리에서 배쪽까지는 은백색이고, 옆구리의 비늘 뒤쪽에 갈색의 작은 점들이 깨알같이 붙어 있습니다. 등쪽에 머리의 것보다 큰 암갈색 점들이 세로로 있습니다. 등지느러미에서 뒤쪽에 3개의 분명하지 않은 가로띠 모양의 좁고 어두운 점들이 있습니다. 등지느러미 앞의 등쪽에도 이와 같은 무늬가 있습니다. 뒷지느러미는 연한 색이고 가슴지느러미의 겨드랑이와 입술의 바깥쪽은 오렌지색을 나타내는 종류도 있습니다.

생태 특성

모래주사는 하천 상류와 중류의 물살이 느리고 물이 맑은 모래바닥이나 자갈이 깔린 얕은 시냇물에서 살면서 몇 마리씩 무리를 지어 바닥 근처에서 헤엄칩니다. 먹이는 미생물이지만 갑각류, 수생곤충, 규조류 등도 먹습니다. 사람들에게 식용으로도 쓰이지만 큰 인기는 없습니다.

서식지

모래주사는 고유종으로 낙동강 수계와 섬진강 수계에 서식하는 것으로 알려졌습니다. 그러나 무분별한 하천공사, 골재 채취, 농약, 공장폐수, 축산폐수 등으로 인한 수질오염으로 인해 서식지가 파괴되어 급격하게 감소하고 있습니다.

포유류 | 양서/파충류 | **어류**

미호종개

멸종위기 야생생물 Ⅰ급
천연기념물 제454호

 형태 특성

미호종개의 몸길이는 8~10cm, 몸 중앙은 굵지만 앞쪽과 뒤쪽은 가느다랗습니다. 등지느러미의 연조 수는 6~7개, 뒷지느러미의 연조 수는 5개, 세파 수는 14개입니다. 머리는 옆으로 납작하며, 주둥이는 뾰족합니다. 옆줄은 불완전하며, 수컷의 가슴지느러미 살에는 삼각형의 반점이 배열되어 있으며, 몸 측면의 위쪽과 등쪽에는 불규칙한 얼룩무늬가 있습니다. 비늘은 아주 미소하고 중앙의 초점은 넓습니다. 수컷의 가슴지느러미 살에 있는 골질의 안쪽에 톱니모양의 거치가 있습니다. 등지느러미와 꼬리지느러미에는 갈색 띠가 세 줄 있고, 꼬리지느러미의 살 위쪽에는 작은 검은색 반점이 있습니다. 수염은 3쌍이 있으며, 눈이 작고 눈의 아래에는 끝이 둘로 갈라진 가시가 있습니다.

포유류 | 양서/파충류 | **어류**

생태 특성

미호종개는 유속이 완만하고 수심이 얕은 곳의 모래 속에 몸을 완전히 파묻고 생활합니다. 수심의 30~50cm에 가는 모래가 쌓이고 유속이 느린 맑은 여울에 주로 시식하며 깔따구 유충 등 물속 소형 무척추동물을 주로 먹습니다. 산란기는 6~7월이고 성장하면 수심 깊은 곳으로 이동합니다.

서식지

우리나라 고유종으로 미호종개가 신종으로 발표된 1984년에는 분포 지역이 미호천의 충북 청원군 관내 수역으로 매우 제한되어 있었지만 서식 개체수는 풍부하였습니다. 하지만 현재는 본 수역에서 거의 사라졌으며 추가 분포지로 확인된 유구천에서도 극소수가 서식하고 있는 절멸의 위기에 처한 어종입니다. 급격히 감소한 원인은 모래 채취에 의한 서식처 파괴와 수질오염 때문입니다. 현재는 미호천의 충북 청원군 수역과 유구천의 충남 공주군 사곡면 수역 등지에 분포합니다.

포유류 | 양서/파충류 | **어류**

얼룩새코미꾸리

멸종위기 야생생물 Ⅰ급

형태 특성

얼룩새코미꾸리의 몸은 길고 원통형이며 머리는 위아래로 납작합니다. 주둥이는 길고 눈은 작으며 눈밑을 움직일 수 있고 끝이 둘로 갈라져 있습니다. 입술은 두꺼운 육질로 되어 있으며 입 주위에는 3쌍의 수염이 있습니다. 측선은 불완전하여 가슴지느러미를 넘지 않습니다. 등지느러미는 배지느러미보다 약간 뒤쪽에서 시작합니다. 수컷의 가슴지느러미는 암컷에 비해 새의 부리 모양처럼 뾰족하고, 두 번째 살의 앞쪽 끝에는 사각형에 가까운 라켓 모양의 골질을 갖고 있습니다. 꼬리자루는 새코미꾸리에 비해 납작하며 꼬리지느러미는 절단형입니다. 본 종이 살아 있을 때 몸의 측면이 황색을 띠고 있으나 포르말린에 고정된 개체는 모두 어두운 담갈색 바탕에 커다란 흑색의 불규칙적인 반점들이 몸의 측면과 등쪽에 산재하고 있으며 특히 몸의 측면은 얼룩 모양을 하고 있습니다. 또한 얼룩 모양의 흑갈색의 반점들은 거의 배쪽까지 이르고 있습니다. 가슴지느러미, 배지느러미, 뒷지느러미의 앞쪽 끝에도 반점은 없습니다. 주둥이 등쪽으로부터 머리의 등쪽까지는 1줄의 백색 띠가 있거나 약간 희미합니다. 꼬리지느러미 살의 위쪽 부분에는 1개의 흑점이 있습니다.

생태 특성

얼룩새코미꾸리는 유속이 빠른 하천 중·상류의 자갈 바닥에 서식하고, 주로 돌 표면에 붙어사는 아주 작은 식물을 먹습니다. 그리고 하천 중·상류의 유속이 빠른 곳의 자갈이나 돌 밑에 서식합니다. 먹이 활동은 야간에 주로 하며 하루살이 유충, 깔따구 유충 등의 수서곤충을 먹습니다.

서식지

우리나라 고유종으로 낙동강 수계 전역에 분포하는데, 주로 중·상류에 서식한다고 알려졌습니다. 하지만 환경오염, 하천공사 등으로 인해 서식지가 감소하고 댐 건설로 인해 서식지가 단편화 되었으며 사람들에게 식용으로도 잡히고 있어서 남획 가능성이 높습니다.

어류

임실납자루

멸종위기 야생생물 Ⅰ급

🔍 형태 특성

임실납자루의 몸길이는 5~6cm입니다. 체형은 약간 긴 타원형으로 체고가 비교적 높은 편입니다. 눈은 다소 큰 편이고 입가에는 한 쌍의 수염이 있습니다. 옆줄은 완전하고 몸통의 중앙 부분에서 약간 아래쪽으로 휘어 있습니다. 등지느러미와 뒷지느러미의 가장자리는 완만하게 둥그렇습니다. 몸의 등쪽은 암갈색이고 배쪽으로 오면서 연해지며 복부 쪽과 꼬리자루는 황색입니다. 등지느러미와 뒷지느러미의 가장자리를 따라 검은색 띠가 있으며 안쪽으로 가면서 황색과 흑색 무늬가 반복됩니다. 산란기에는 수컷의 꼬리자루 부분에 희미한 보랏빛 광택이 있습니다.

생태 특성

우리나라 고유종으로 평지 하천의 수심이 얕고 유속이 느리며 수초가 많은 곳에 삽니다. 칼납자루와 같이 살고 있지만 칼납자루보다 흐름이 느리고 수초가 많은 곳에서 발견됩니다. 5~6월에 산란관을 이용해 조개에 산란합니다. 암컷은 민물조개의 몸속에 알을 낳는데, 조개의 출수공에 긴 산란관을 집어넣는 방식을 이용합니다. 식성은 잡식성으로 물에 사는 곤충과 부착조류를 먹습니다.

서식지

우리나라 고유종인 임실납자루는 신종으로 기재될 당시 섬진강 수계의 임실군 일대에서만 확인되어 임실납자루로 이름 지어졌습니다. 이후 수질오염과 무분별한 하천공사로 인해 서식지가 급격히 파괴되면서 절멸 직전에 있는 것으로 추정됩니다.

퉁사리

멸종위기 야생생물 Ⅰ급

 형태 특성

퉁사리의 몸은 약간 길고 납작하며 꼬리 부분 옆으로는 심하게 납작합니다. 몸길이는 12cm에 달하며 머리와 주둥이는 수평으로 납작하고 눈의 뒷부분은 불룩 튀어나왔습니다. 눈은 작으며 머리의 위쪽에 치우쳐 피막에 싸여 있습니다. 입은 주둥이 끝에 열리며 상악과 하악은 거의 같은 길이입니다. 몸에는 비늘이 없습니다. 입수염은 4쌍으로 2쌍은 머리의 길이와 거의 같으며, 다른 2쌍은 그보다 짧습니다. 측선은 흔적만 있거나 없습니다. 가슴지느러미 가시는 끝이 뾰족하고 가시의 안쪽에 3~5개의 톱니 모양의 서치가 있는데 이들은 성장할수록 거치수가 많아집니다. 유사종인 자가사리와는 턱 모양으로 쉽게 구분할 수 있으며, 퉁가리와는 가슴지느러미의 거치수로 쉽게 구분할 수 있습니다. 몸은 짙은 황갈색으로 전체

포유류 | 양서/파충류 | **어류**

적으로 균일하지만 등쪽은 다소 짙고 배쪽은 담황색을 띱니다. 배지느러미는 전체적으로 황색이지만 배지느러미 이외의 각 지느러미 가장자리는 담황색을 띱니다.

생태 특성

퉁사리는 자갈이 많으며 물이 맑고 완만하게 흐르는 곳에 서식합니다. 야행성으로 밤에 활동하며 수서곤충이나 작은 물고기를 주로 먹는 육식성입니다. 산란은 대개 5~6월에 이루어지는데, 산란장에는 유기물 외에는 아무것도 퇴적되어 있지 않아야 하며 실모양의 녹조류와 남조류, 부착조류와 수초도 자라고 있지 않아야 합니다. 수정란은 젤리층으로 쌓여 공 모양을 하고 있으며 수컷이 산란장에서 수정란 덩어리(난괴)를 보호합니다.

서식지

퉁사리는 금강, 웅천천, 만경강, 영산강 등의 중류 부근에 분포합니다. 웅천천의 경우, 수질오염과 서식지 교란으로 서식이 확인되지 않고 있어 절멸한 것으로 추정되었으나 최근 조사 결과 보령댐 직

하류의 일부 협소한 수역에서 소수가 서식하고 있습니다. 만경강과 영산강에서는 수질오염과 하천공사로 인해 서식지가 급격히 감소했습니다.

가시고기

멸종위기 야생생물 II급

 형태 특성

가시고기의 몸길이는 6cm입니다. 몸은 길고, 몸통은 원형이며, 후반부로 갈수록 가늘어집니다. 머리는 약간 위아래로 납작하며, 복부는 편평합니다. 등지느러미의 연조 수는 7개, 뒷지느러미의 연조 수는 6개이며, 옆줄 비늘 수는 37~40개입니다. 입은 반원형으로 아래쪽을 향하며, 4쌍의 입수염을 가지고 있습니다. 옆줄은 완전하고 전반부는 약간 아래로 휘었으며, 가슴지느러미 기저의 복부에는 비늘이 없습니다. 등쪽은 담갈색이고, 배쪽은 담색이며, 몸의 측면 중앙에는 6~8개의 암색점이 세로로 배열되어 있습니다. 등지느러미와 배지느러미 가시의 기조 막은 투명하며, 산란기 때 수컷의 지느러미 막은 약간 검어집니다. 인판은 아가미덮개 뒤쪽부터 꼬리자루의 끝까지 배열되어 있으며 네 번째 가시 아래 전후의 인판이 비교적 큽니다.

생태 특성

가시고기는 수심 10~50cm, 하천의 바닥에 가는 모래층이 잘 발달되어 있는 여울에 주로 서식하며 야간에 깔따구 유충, 실지렁이, 각다귀 유충 등을 주로 먹습니다. 산란기는 6~7월이고, 포란 수는 2,000~3,000개입니다. 수심 30cm 이내에 있는 수초 줄기에 신장에서 분비하는 점액을 이용하여 식물 조각 등으로 둥지를 만듭니다. 그리고 지그재그 춤으로 암컷을 유인하여 둥지 안으로 들어가게 한 후, 수컷이 주둥이로 암컷의 꼬리자루를 자극하여 산란을 유도합니다. 산란 후 수컷은 침입자를 공격하고 가슴지느러미와 입을 사용하여 신선한 물을 공급하거나 알을 청소하는 등 알과 새끼를 적극적으로 보호합니다. 가시고기 수컷의 수명은 만 1년으로 산란 후의 암컷과 새끼들을 독립시킨 후 모두 죽습니다.

서식지

가시고기는 우리나라 고유종으로 신종으로 보고될 당시 낙동강에만 서식하는 것으로 기록되었으나, 이후 임진강과 한강, 금강에도 서식하는 것으로 알려졌습니다. 그러나 평상 시에는 모래 속에 숨어 있어서 일반적인 채집 방법으로는 분포 현황을 정확하게 파악하기 어렵습니다.

| 포유류 | 양서/파충류 | **어류** |

꾸구리

멸종위기 야생생물 Ⅱ급

 형태 특성

꾸구리는 몸길이가 10~13cm로 작습니다. 몸길이가 태어나서 1년이면 4~6cm에 이르고, 2년이면 8~10cm, 3년이면 10cm 이상 자랍니다. 그러나 13cm를 넘는 것은 거의 없습니다. 등지느러미와 꼬리지느러미 사이의 몸 옆면에 짙은 갈색 무늬가 3개 있습니다. 입은 주둥이의 아래쪽에 있으며 아래에서 보면 반원형입니다. 입 주변에는 4쌍의 수염이 있습니다. 1쌍은 입가에 있고, 3쌍은 아래턱에 있습니다. 입수염의 길이는 맨 뒤의 것이 가장 긴데, 눈의 지름보다 깁니다. 옆줄이 뚜렷이 보이며, 지느러미에는 작은 점들이 줄을 지어 흩어져 있습니다. 산란기 때, 암컷은 몸이 밝은 갈색을 띠며 수컷은 진한 밤색을 띱니다.

생태 특성

꾸구리는 곤충을 먹고 사는데, 물속에서 애벌레 때 보내는 하루살이, 날도래, 파리 등의 애벌레를 주로 잡아먹습니다. 어린 치어는 파리목에 속하는 깔따구 종류의 애벌레를 주로 먹지만, 좀 더 큰 날도래 종류의 애벌레도 즐겨 먹습니다. 산란기는 4월말부터 6월 중순까지이고, 수심이 얕은 여울 가장자리에 산란합니다. 포란 수는 1,000~3,000개입니다.

서식지

꾸구리는 한강과 금강 수계에서만 사는 우리나라 고유종입니다. 꾸구리는 눈 주변의 피부를 늘이고 줄이고 할 수 있어서 고양이처럼 눈에 들어오는 빛의 양에 따라 눈동자의 크기를 조질할 수 있습니다. 하천의 중류 및 상류의 맑고 물살이 빠른 여울에 사는데, 최근에 4대강 사업과 같은 대규모 하천 개발로 서식지가 파괴되면서 심각한 멸종위기에 놓여 있습니다.

꾸구리 이야기

물고기는 눈꺼풀이 없어서 항상 눈을 뜨고 있는 것처럼 보여서 불교에서는 깨어 있는 수행자의 자세를 상징하기도 합니다. 그런데 재밌게도 눈을 떴다 감았다하는 민물고기가 우리나라에 한 종류 살고 있습니다. 그 주인공은 이름은 생소하지만 오직 우리나라에서만 볼 수 있는 꾸구리입니다. 꾸구리는 특이하게도 눈에 피막이 있어서 눈에 들어오는 빛의 양에 따라 피막의 크기를 조절합니다. 밝은 곳에서는 피막으로 눈을 덮는데, 이때 눈이 I자 모양으로 가늘게 보입니다. 어두운 곳에서는 피막이 가리지 않아서 눈이 동그랗습니다. 그 모습이 고양이의 눈과 아주 닮았습니다. 이처럼 꾸구리는 눈의 피막으로 고양이처럼 주변의 밝기에 따라 동공의 크기가 변합니다.

다묵장어

멸종위기 야생생물 Ⅱ급

형태 특성

다묵장어는 원시형 물고기로 몸길이는 14~20cm로 몸이 가늘고 긴 원통형입니다. 턱이 없는 원형의 입은 주둥이의 끝에서 아래쪽을 향하며 입 빨판을 형성합니다. 콧구멍은 머리의 위쪽 가운데에 1개가 있고, 머리의 측면을 따라 7쌍의 아가미가 있습니다. 가슴지느러미와 배지느러미는 없고 제1등지느러미, 제2등지느러미, 뒷지느러미와 꼬리지느러미만 가지고 있습니다. 어린 다묵장어는 입의 빨판이 형성되어 있지 않고, 눈이 피부 밑에 묻혀 있으며, 아가미는 옆으로 길쭉합니다. 성어의 몸색깔은 갈색이며 복면은 담갈색입니다. 등쪽으로는 희미한 흑색의 불규칙한 반점이 나타나기도 합니다. 어린 다묵장어는 성장함에 따라 회백색에서 담황갈색, 갈색으로 변합니다.

| 포유류 | 양서/파충류 | **어류** |

생태 특성

다묵장어의 새끼는 하천의 수변 및 수변의 안쪽으로 움푹 들어가 형성된 웅덩이 바닥에 묻혀서 유기물을 걸러먹고 살아갑니다. 서식지의 수심은 50~100cm이며, 바닥은 펄과 모래로 되어 있고, 정수식물인 달뿌리풀, 줄, 부들, 갯버들 등이 많이 자랍니다. 이들 식물의 잎과 줄기가 가을에 웅덩이나 수변부에 떨어져 쌓여서 분해되면 다묵장어 새끼의 먹이가 됩니다. 일생을 민물에서만 살고, 주로 2급수 이상의 개울이나 하천의 중·상류에 서식합니다. 난생으로 4~6월에 자갈이나 모래 바닥에 웅덩이를 파고 산란하며, 산란과 방정을 끝낸 성어는 죽습니다. 부화된 새끼는 물고기가 되는 것이 아니라 아모코에테스(ammocoetes)라는 유생기를 거치는데 약 3년이 길립니다. 그리고 4년째 가을부터 겨울에 걸쳐 변태를 하고 성어가 됩니다. 이때부터 아무것도 먹지 않다가 다음해 봄에 산란하고 죽습니다.

서식지

해외에는 중국 북부, 일본, 러시아 사할린 등에 분포합니다. 국내에서는 한강, 낙동강, 금강, 섬진강, 영산강, 만경강, 동진강, 탐진강 등의 서해와 남해안으로 흐르는 하천 수계에 널리 분포하고, 동해로 유입되는 울산, 포항, 삼척, 강릉, 고성 등에도 광범위하게 분포한 것으로 알려져 있습니다.

다묵장어 이야기

괴상한 생김새와 독특한 생김새의 어린 시기를 거치는 다묵장어는 우리나라에 사는 가장 이상한 물고기 중에 하나입니다. 칠성장어과에 속한 원시적인 물고기로, 턱이 없고 입이 둥근 빨판 형태로 되어 있어서 무악류 중에서도 원구류에 속합니다. 즉 다묵장어는 지구상에서 가장 초기에 출현한 물고기의 모습을 간직하고 있습니다. 다묵장어를 비롯한 칠성장어목에 속한 물고기들은 알에서 부화하면 아모코에테스(ammocoete)라고 불리는 독특한 유생 단계를 거쳐서 성체가 됩니다. 이 유생 단계에서의 생김새가 물고기를 닮지 않아 일반 사람들에게 이상한 동물로 취급되기도 합니다. 우리나라에서 어부들은 다묵장어가 잡히면 하루 동안 재수가 없다고 생각하여 보는 즉시 물속으로 던져 버리기도 합니다. 역설적으로 못생기고 이상한 모습 덕분에 다묵장어는 남획으로 생존을 위협받지는 않습니다.

돌상어

멸종위기 야생생물 II급

 형태 특성

돌상어의 몸길이는 12cm입니다. 몸은 약간 길고, 몸의 앞부분은 원통형으로 굵지만 배는 평평합니다. 몸의 뒤쪽으로 갈수록 약간 가늘어지고 옆으로 납작해집니다. 머리와 눈이 작고, 눈은 머리의 중앙부보다 조금 뒤에 있으며 등쪽으로 붙어 있지만 두 눈 사이는 넓지 않습니다. 콧구멍은 앞과 뒤가 서로 가까이 붙어 있고, 주둥이의 끝보다 눈의 앞 끝에 가깝게 있습니다. 앞 콧구멍은 작고 뒤 콧구멍은 큽니다. 입은 주둥이의 밑에 있고 옆으로 넓으며, 아래턱이 위턱보다 눈에 띄게 짧습니다. 입 구석은 앞 콧구멍의 앞 끝 밑에 닿습니다. 입수염은 4쌍이지만 모두 짧습니다. 아가미는 아가미뚜껑 뒤에서 열리고 넓습니다. 비늘은 크지 않고 측선(옆줄)은 완전합니다. 등지느러미는 배지느러미보다 조금 뒤에서 시작되고, 바깥 가장자리는 약간 안으로 굽습니다. 뒷지느러미는 등지느러미보다 조금 더 작고 끝이 둥그렇습니다. 꼬리지느러미는 얕게 갈라지고 아랫조각이 윗조각보다 약간 크며 이것 또한 끝이 둥그렇습니다.

생태 특성

돌상어는 수심이 30~100cm로 다소 깊은 곳을 선호하며, 2급수 이상의 비교적 맑은 물에서만 삽니다. 유기물이 쌓이거나 흔들말 같은 남조류와 해캄 같은 녹조류가 끼면 돌상어는 사라집니다. 그래서 돌상어는 하천 수질이 좋고 나쁨을 나타내는 지표종이기도 합니다. 곤충을 먹고 사는데 하루살이목, 날도래목, 강도래목, 파리목 등에 속하는 수서곤충의 애벌레를 먹습니다. 몸길이가 5cm 이하인 어린 개체는 주로 파리와 하루살이 종류의 애벌레를 먹고, 커 가면서 좀 더 큰 날도래 종류를 많이 먹게 됩니다.

서식지

돌상어는 바닥이 암반과 큰 돌로 이뤄진 하천 상류의 물살이 아주 빠른 여울에 사는 우리나라 고유종입니다. 한강과 금강 수계에서만 발견되며, 최근에 하천 개발과 정비 사업으로 하천들이 자연스러운 본래의 모습을 잃게 되면서 급격히 사라지고 있습니다. 현재는 개발의 손길이 닿지 않은 산간 계곡에 제한적으로 분포합니다. 이름만 상어인 잉어과의 작은 민물고기인 돌상어는 모래무지를 닮았으며, 돌이 많은 곳에 살아서 붙은 이름으로 보여집니다. 충북 옥천군과 영동군 방언으로는 '꽃고기'라고도 하는데, 진달래꽃이 필 무렵에 하천에서 많이 보여서 붙여진 이름이라고 합니다.

버들가지

멸종위기 야생생물 II급

형태 특성

버들가지는 버들개나 버들치와 비슷하지만 더 작으며 등지느러미살에 뚜렷한 흑반이 있습니다. 각 비늘의 가장자리는 짙은 갈색, 몸 전체는 짙은 갈색 또는 흑갈색입니다. 몸은 굵고 짧으며 옆으로 납작하고 몸길이는 4~12cm입니다. 아래턱이 위턱보다 조금 짧고 눈이 큽니다. 배지느러미의 기점은 등지느러미의 기점과 거의 같습니다. 등지느러미의 바깥쪽 가장자리는 둥글며, 꼬리자루는 짧고, 꼬리지느러미의 뒤쪽 가장자리는 얕게 갈라져 있습니다. 옆구리에 있는 둥근 비늘은 그 가장자리가 갈색이고 촘촘히 나 있는 초승달 모양입니다. 꼬리지느러미의 중앙에는 약간 긴 검은색 반점이 있으며, 각 지느러미는 어두운 색입니다. 몸의 등 중선에는 짙은 흑갈색의 굵은 세로띠가 있습니다.

생태 특성

버들가지는 물이 맑은 1급수의 하천 상류에서 서식합니다. 떼 지어 활발히 헤엄치고, 놀라면 잘 숨습니다. 버들개, 산천어, 종개 등과 함께하는 경우가 많으며 유영성 어류로 무리지어 생활합니다. 수서 곤충을 먹으며 작은 갑각류나 실지렁이 등도 잡아먹습니다. 산란기는 4~5월이며 산란장은 유속이 빠른 여울과 웅덩이처럼 깊게 패인 소가 만나는 곳으로 자갈층이 있는 곳으로 추정됩니다.

서식지

한국 고유종으로 강원도 적벽강 상류, 금강산의 계류, 온정천, 안변천 등지에 분포합니다. 버들가지는 하천의 산간 계류에 서식하는 냉수성 물고기입니다. 국내에는 고성군의 민통선 안에 제한적으로 서식하고 있고, 동해로 흐르는 고성 남강과 송현천의 산간 계류에 서식합니다. 민통선 내에 서식하는 종이므로 인위적 원인에 의한 서식지와 개체수 감소 요인은 없지만 서식지가 매우 좁고 제한적입니다.

열목어

멸종위기 야생생물 Ⅱ급
천연기념물 제73호(정암사 열목어 서식지)
천연기념물 제74호(봉화 대현리 열목어 서식지)

 형태 특성

열목어는 몸길이가 보통 7cm 정도지만 어떤 것은 1m에 이릅니다. 몸의 형태는 유선형이고, 비늘은 매우 작으며, 꼬리자루 부분은 가느다랗습니다. 그리고 입 주변에 수염이 없습니다. 턱뼈에는 날카로운 이빨이 1~2줄 나 있습니다. 옆줄은 아가미 뒤에서 시작해 꼬리까지 연결되어 있으며, 거의 직선이지만 앞부분이 다소 위쪽으로 향합니다. 등지느러미 뒤쪽의 꼬리 부분에 기름지느러미가 있습니다. 열목어의 몸색깔은 황갈색 바탕에 등쪽은 어두운 흑갈색이고 배쪽은 은백색입니다. 몸의 옆면과 등에 눈동자보다 작은 갈색 반점이 흩어져 있습니다. 어린 개체는 몸통 옆면에 파 마크(parr mark)라고 불리는 흑갈색의 가로무늬가 9~10개 있습니다. 파 마크는 연어과의 어린 물고기에서 보이는 독특한 무늬로 사람으로 치면 몽고 반점과 같은 것입니다. 이것은 성체가 되면 사라지거나 희미해집니다.

생태 특성

열목어는 육식성 물고기로 그 중에서도 먹이를 적극적으로 뒤쫓아서 잡아먹는 추격 포식자에 속합니다. 물속에서 살거나 애벌레 때 물속에서 보내는 하루살이, 잠자리, 강도래, 노린재, 날도래, 딱정벌레, 파리 등의 수서곤충을 비롯해 버들치, 금강모치, 새미 같은 작은 물고기와 선충류, 물에 떨어진 육상 곤충과 개구리, 옆새우 등 다양한 동물을 먹이로 삼습니다.

서식지

우리나라는 세계적으로 열목어가 분포하는 남방 한계선으로, 한강과 낙동강 상류의 일부 산간 계곡에서만 적은 수가 살고 있습니다. 최근 기온 상승과 고랭지 농경지 개발로 수질오염이 심각해지면서 서식지가 줄고 개체수도 급감하고 있습니다. 연어과에 속하는 대형 민물고기는 대부분 강과 바다를 오가며 살아가는 종이 많은데, 같은 연어과에 속하는 열목어는 일생을 민물에서 보냅니다. 또한 대표적인 냉수성 물고기로 1급수 이상의 맑고 차가운 물에서만 살기 때문에 자연 환경이 매우 잘 보존된 곳에서만 살 수 있습니다. 그래서 열목어라는 이름 뒤에는 언제나 청정 지역을 상징하는 물고기라는 꼬리표가 따라다닙니다. 강원도 정선군 고한읍 정암사와 경북 봉화군 석포면 대현리 일대는 지구상에서 열목어가 살아가는 최남단 서식지로 천연기념물로 지정되어 있습니다.

포유류 양서/파충류 **어류**

칠성장어

멸종위기 야생생물 Ⅱ급

형태 특성

칠성장어의 몸길이는 40~50cm이며, 몸은 뱀장어 모양으로 깁니다. 짝지느러미가 없으며 눈 뒤에 아가미 7쌍이 있습니다. 콧구멍은 머리 위쪽에 있고 입과 연결되어 있지 않습니다. 다른 물고기와 달리 턱이 없고, 몸 옆에 일곱 쌍의 아가미가 있어서 원시적인 형태의 물고기로 분류됩니다. 이빨은 대체로 잘 발달되어 있으며 상구치 판에 2개와 하구치 판에 6~7개가 뾰족하게 나 있습니다. 몸색깔은 갈색에서 미색까지 띠며 위쪽은 회갈색, 아래쪽은 좀 더 연한 색입니다. 몸 등쪽은 옅은 청색을 띤 진한 갈색이지만 배쪽은 흰색입니다.

포유류 | 양서/파충류 | **어류**

💡 생태 특성

칠성장어의 몸 옆에 7개의 아가미가 있어 칠성장어라는 이름으로 불립니다. 한국에 서식하는 다묵장어가 칠성장어로 불리는 경우도 있으나, 다묵장어는 일생을 민물에서만 살기 때문에 칠성장어와는 다른 종입니다. 어린 시절에는 강에서 생활하다가 바다로 내려가 2년 이상 생활합니다. 알에서 깨어난 새끼는 아모코에테스(ammocoete)라 불리는데 주로 강바닥의 진흙 속에서 유기물이나 조류를 걸러 먹습니다. 변태를 거쳐 몸 크기가 15~20cm에 이르면 바다로 내려가 다른 물고기의 몸에 빨판을 붙여 영양분을 빨아먹고 사는 기생생활을 합니다. 40~50cm 정도로 몸이 커지면 자갈이 깔려 있고 물 흐름이 있는 강으로 거슬러 올라와 짝짓기를 시작합니다. 암컷이 알을 바닥의 모래나 자갈에 붙여서 낳으면 수컷이 수정시킵니다. 약 8~11만 개의 알을 낳으며, 알을 낳고 난 후 암컷과 수컷 모두 죽습니다.

📍 서식지

해외에는 일본 중북부와 시베리아 헤이룽강 수계, 사할린 및 북아메리카에 분포합니다. 국내에는 과거에는 낙동강에서도 출현하였다는 기록이 있으나 최근에는 해류의 변화로 인해 영동지방에서 동해로 유입하는 삼척 오십천, 양양 남대천, 강릉 연곡천, 고성 명파천 등의 하천에 드물게 출현하고 있습니다.

우리가 지켜야 할 멸종위기 야생생물

초판 1쇄 찍은날 | 2020년 11월 18일
초판 1쇄 펴낸날 | 2020년 11월 30일

글 | 편집팀
일러스트 | 이수연
펴낸이 | 박성신
펴낸곳 | 도서출판 쉼
외주디자인 | 이세래나

등록번호 | 제406-2015-000091호
주소 | 경기도 파주시 문발로115, 세종벤처타운 304호
대표전화 | 031-955-8201
팩스 | 031-955-8203
전자우편 | 8200rd@naver.com

일러스트 ⓒ 이수연, 2020
ISBN 979-11-87580-47-8 (73490)

이 책은 저작권법에 따라 보호를 받는 저작물입니다.
무단전재 및 무단복제를 금합니다.

잘못된 책은 바꿔드립니다.